Es muss nicht immer Terrakotta sein: Gefäße aus Metall, Holz oder Porzellan eignen sich ebenso gut zum Bepflanzen oder als Übertopf.

Ob echt oder aus Terrakotta: kriechende Kräuter wie Zitronen-Thymian und Tripmadam haben Platz in jedem Schuh.

Natalie Faßmann

Mein Naschbalkon

Gemüse, Kräuter & Obst

Ulmer

Seite 92

Obstgenuss

Süße Erdbeeren und knackige Äpfel sind bei großen und kleinen Naschkatzen beliebt. Mit etwas Pflege gedeihen sie auch auf Ihrem Balkon.

Ideen für Sie:

Praxis:

Spezial:

Seite 116

Auf einen Blick

Hier finden Sie eine Übersicht der im Buch behandelten Naschpflanzen mit Kulturangaben, interessante Adressen und weiterführende Literatur.

Gemüse-leidenschaft

Buntes Gemüse lädt regelrecht dazu ein, bewundert zu werden. Lassen Sie Ihrer Neugier freien Lauf und testen Sie sich durch die farbenfrohe Welt der Topf- und Kübelgemüse. Die eigene Ernte reicht zwar selten für eine volle Mahlzeit, sie bereichert aber den Speiseplan um interessante Geschmacksnoten. Probieren Sie doch mal ein buntes Mangold-Risotto mit Stielen und Blättern der Sorte 'Bright Lights'!

Alles ganz einfach

Selbst gärtnerisch Ungeübte können erfolgreich ihr eigenes Gemüse auf dem Balkon anbauen. Was Sie brauchen, sind große Töpfe oder Kästen, Erde und Geduld. Einige Gemüsearten sind wahre Schnellstarter und genau richtig für den Einstieg. Besonders empfehlenswert sind Salat, Radieschen und Bohnen. Die machen nicht viel Arbeit und zeigen schnell, was in ihnen steckt. Bohnen bilden gleichzeitig einen empor sprießenden Sichtschutz mit essbaren Früchten. Tomaten und Gurken brauchen zwar etwas mehr Zeit, belohnen dafür aber mit einer reichlichen Ernte.

Insalata

Das Wort „Salat" kommt von dem italienischen „insalata", das wiederum von dem lateinischen Wort für Salz „sal" abstammt. „Insalata" bedeutete das „Eingesalzene" und wurde später auch für das Gericht Salat verwendet. Die Pflanze Salat heißt im Italienischen „lattuga", was wiederum auf das lateinische Wort „lactuca" zurückgeht. Das Wort „lac" bedeutet Milch und bezieht sich hier auf den beim Salat typischen Milchsaft.

Salat zum Pflücken

Salat (*Lactuca sativa*) braucht nicht viel Platz auf Ihrem Balkon. Wenn Sie einen Balkonkasten oder mehrere kleine Töpfe zur Verfügung haben, können Sie schon anfangen. Für Ungeduldige gibt es Pflück- und Schnittsalat in verschiedenen Farben und Formen. Sie wachsen schnell und können ebenso schnell geerntet werden. Schon ab März können Sie selbst aussäen oder Jungpflanzen kaufen. Sechs Wochen später können Sie sich schon auf die erste Ernte freuen. Beim Pflücksalat werden lediglich die äußeren Blätter entnommen. Der innere Teil der Pflanze wächst nach (z.B. Pflücksalat 'Amerikanischer Brauner'). Schnittsalat unterscheidet sich von Pflücksalat darin, dass die Blätter geschnitten werden. Wenn Sie nicht zu tief abschneiden, treiben die Pflanzen noch einmal nach (z.B. Schnittsalat 'Krauser Gelber').

→ Säen Sie die Samen nicht zu dicht. Am einfachsten sind Aussaatbänder oder Saatscheiben zu handhaben. Hier liegen die Samen schon im richtigen Abstand zueinander. Die Töpfe sollten mindestens einen Durchmesser von 15 cm haben.

Auf einen Blick Leckere Salate

Sorte	Typ	Besonderheiten
'Amerikanischer Brauner'	Pflücksalat	braungrüne Blätter
'Krauser Gelber'	Schnittsalat	gelbgrüne Blätter
'Baby Star'	Romanasalat	mehltauresistent
'Bentley'	Eichblattsalat	blattlaus- und mehltauresistent
'Flamenco'	Eichblattsalat	rotgrüne Blätter
'Lollo rossa'	Bataviasalat	schossfest
'Dynamite'	Kopfsalat	blattlausresistent
'Roxy'	Kopfsalat	rote Blätter, schossfest
'Runaway'	Würzrauke	scharf-würzige Blätter
'Baby Leaf'	Mischung verschiedener Pflücksalate	verschieden gefärbte Blätter
'Mesclun'	französische Salatmischung	wird eng gesät und wie Pflücksalat geerntet

Eichblattsalat, Lollo Bionda und Romana bringen Abwechslung auf den Balkon.

→ Stellen Sie Ihre Salattöpfe an einen nicht zu heißen Platz, sonst treibt selbst der schossfesteste
Salat schnell Blüten, die übrigens sehr attraktiv sind!
→ Wenn Sie Ihren Salatnachschub sorgfältig planen, können Sie den ganzen Sommer über frischen

Salat ernten. Säen Sie immer dann neu aus, wenn
die frisch gesäten Salatpflanzen auflaufen. Das entspricht einem Rhythmus von etwa 14 Tagen.
→ Tipp: Sorten mit rot- oder braungrünen Blättern
wie 'Bentley' werden von Blattläusen gemieden.

Das Auge isst mit

Will man Abwechslung auf dem Tisch, bietet sich die Vielfalt der verschiedenen Salate dafür an. Das Angebot ist sehr reichhaltig:

■ Im Handel sind viele Salatmischungen erhältlich, wie die „Italienische Salatwiese", die französische Mischung „Mesclun" oder das „Salatbüffet".

■ Lollo Rossa mit roten und Lollo Bionda mit gelb-grünen, gekrausten Blättern gehören in die Gruppe der Bataviasalate. Sie haben einen leicht bitteren Geschmack und werden wie Pflücksalat geerntet.

■ Grüne oder braune Blätter mit gelappten Blatträndern bietet der Eichblattsalat. Er hat eine leicht nussige Note und kann wie Schnittsalat oder Pflücksalat geerntet werden (z.B. Eichblattsalat 'Salad Bowl').

■ Breite, ovale Blätter liefert der Römische Salat. Er kann wie Schnittsalat nach vier Wochen geerntet werden (z.B. Romanasalat 'Little Gem').

Bei der Anzucht von Kopfsalat brauchen Sie etwas Geduld bis zur Ernte. Es vergehen mindestens zehn bis zwölf Wochen, bis sich ein ordentlicher Salatkopf gebildet hat (z.B. Kopfsalat 'Dynamite').

Noch mehr Salatpflanzen

Nicht nur Salat selbst, sondern auch viele andere Blattgemüse eignen sich als Salatbeigabe. Die hier vorgestellten Arten sind anspruchslos und leicht auf dem Balkon zu ziehen. Achten Sie jedoch wie beim Salat darauf, dass der Standort nicht zu heiß ist, sonst treiben die Pflanzen schnell Blüten und die Blätter sind nicht mehr so schmackhaft. Die Erde wird wie bei Salat gleichmäßig feucht gehalten.

■ Rauke oder Rucola (*Eruca sativa*) ist anspruchslos und lässt sich problemlos in Balkonkästen kultivieren. Ab April kann die Aussaat beginnen. Für einen reichlichen Nachschub an würzigem Salat ist eine Nachsaat zu empfehlen. Geerntet wird von außen nach innen, sobald die Blätter etwa 5 cm lang sind. Der scharfe Geschmack der Rauke verleiht Salaten ein würziges Aroma. Wilde Rauke (*Diplotaxis tenuifolia*) schmeckt kräftiger als die Echte Rauke.

■ Gartenkresse (*Lepidum sativum*) hat einen scharfen Geschmack. Ob in ein spezielles Kressegefäß, auf Watte oder in Erde gesät, die Kresse ist sehr schnellwüchsig. Schon acht bis zehn Tage nach der Aussaat kann geerntet werden. Folgesaaten alle 14 Tage sind empfehlenswert.

■ Portulak (*Portulaca oleracea* subsp. *sativa*) wächst fast überall wie Unkraut. Die Blätter schmecken würzig. Er ist anspruchslos, braucht aber viel Wärme und Feuchtigkeit. Ab Mitte Mai kann gesät werden. Dabei bitte die Samen nur leicht andrücken und nicht abdecken! Es empfiehlt sich, alle drei Wochen neu auszusäen. Portulak schmeckt sowohl roh in Salaten als auch gekocht wie Spinat.

Salat – klassisch, frisch oder bunt

Damit Sie Ihren frisch geernteten Salat auch richtig genießen können, hier ein paar Tipps für ein erfolgreiches „Anmachen".

→ Für eine klassische Vinaigrette verrühren Sie 2 EL Essig, 6 EL Öl, Salz und Pfeffer.

→ 2 EL frisch gehackte Kräuter machen aus der klassischen eine Kräutervinaigrette. Probieren Sie statt der Kräuter auch mal frische Tomatenwürfel.

→ Lieben Sie es etwas erfrischender, können Sie unter 150 g Joghurt Kräuter, Salz, Pfeffer und je 2 EL Öl und Essig rühren.

→ Essbare Blüten von Kapuzinerkresse, Borretsch und Ringelblume setzen Ihrem selbstgepflückten Salat das i-Tüpfelchen auf.

Erbsen *(Pisum sativum)*

Mark- und Zucker-Erbsen sind besonders gut für den Naschbalkon geeignet, weil man sie schon früh ernten kann. Zucker-Erbsen können mit Hülsen gegessen werden, von Mark-Erbsen nimmt man nur das „Innenleben".

Standort: Erbsen brauchen einen kühlen, halbschattigen Balkon. Auf einem Südbalkon ist es ihnen zu heiß.

Kultur: Ab Mitte April direkt in Kästen säen. Dabei darf man nicht zu dicht säen, sonst werden die Erbsenpflanzen anfällig für Echten Mehltau. Wenn es im April noch kühl ist, lieber noch etwas warten. Folgeaussaaten sind bis zum Frühsommer möglich. Erbsen benötigen eine Stütze, sobald sie die ersten Ranken entwickeln. Während der Blütezeit reichlich wässern. Nach der Blüte bitte nicht mehr düngen!

Ernte: Die ersten Zucker-Erbsen sind schon acht Wochen nach der Aussaat sicht- und beerntbar. Ernten Sie die unreifen Hülsen bevor sie sich aufblasen. Mark-Erbsen werden geerntet, wenn die Hülsen leicht aufgeblasen sind (siehe Bild rechts).

Sorten: Zucker-Erbsen: 'Schweizer Riesen', 'Reuzenzuiker'; Mark-Erbsen: 'Wunder von Kelvedon', 'Spring'.

Radieschen *(Raphanus sativus)*

Radieschen können Sie sogar noch eher ernten als Salat, schon nach vier Wochen. Probieren Sie mal eine Mischkultur aus Radieschen und Pflücksalat in einem Kasten.

Standort: Radieschen vertragen Sonne bis Halbschatten.

Kultur: Ab Mitte März werden je zwei Samen im Abstand von 5 cm etwa 1 cm tief in einem Balkonkasten ausgesät. Wenn beide aufgehen, wird der schwächere entfernt. Saatbänder erleichtern die Aussaat. Säen Sie am besten alle zwei Wochen neue Radieschensamen in einen weiteren Kasten, so haben Sie den ganzen Sommer frische Radieschen. Die Pflänzchen dürfen nicht zu dicht stehen, damit sie sich gut entwickeln können. Gießen Sie die Pflanzen regelmäßig, sonst werden Radieschen holzig.

Ernte: Die ersten Radieschen können Sie schon vier Wochen nach der Aussaat ernten.

Sorten: Nehmen Sie bevorzugt die kleinen, kugeligen Sorten wie 'Radies Rudi'. Die Radieschen der Sorte 'Radies Rundes halbrot-halbweiß' sind unten weiß und oben rot. Für die langen 'Eiszapfen' brauchen Sie tiefere Gefäße.

Gurke *(Cucumis sativus)*

Gurken schmecken im Sommer am besten pur, mit etwas Salz oder in einem erfrischenden Gurkensalat.

Standort: Gurken brauchen einen warmen, sonnigen Platz zum Gedeihen.

Kultur: Ab Mitte Mai werden drei Samen 2–3 cm tief in ein großes Gefäß ausgesät. Nach dem Auflaufen nur den kräftigsten Sämling belassen. Damit sich bessere Tragranken bilden, wird nach dem 6. Laubblatt die Triebspitze entfernt. So fördern Sie auch den Fruchtansatz der Seitentriebe. Sie können die Gurke an einem Spalier oder der Balkonbrüstung entlang ranken lassen. An heißen Sommertagen brauchen die Pflanzen besonders viel Gießwasser. Gurkenpflanzen können problemlos mit Tomatendünger gedüngt werden. Eine Mischkultur von Gurke und Dill in einem Topf verstärkt den Geschmack der Gurkenfrüchte.

Ernte: Nach zwölf Wochen können Sie mit der Ernte beginnen. Bei regelmäßiger Ernte der jungen Früchte können Sie Ihre Gurkenausbeute erhöhen.

Sorten: Achten Sie auf mehltautolerante und -resistente Sorten. Die Sorten 'Bush Champion' und 'Cucino' sind besonders gut für den Balkon geeignet.

Frische Tomaten

Sonnengereifte Tomaten vom eigenen Balkon zu ernten … ein Genuss! Besonders die kleinen Balkontomaten (z.B. 'Balkonstar', 'Tumbling Tom') oder Cocktailtomaten (z.B. 'Supersweet 100') sind für den Balkon zu empfehlen. Trotz ihrer geringen Fruchtgröße sind sie aromatisch und liefern viele Früchte für den hauseigenen Tomatensalat und den leckeren Snack für zwischendurch.

Die Qual der Wahl

Vom Wuchs her unterscheidet man Buschtomaten und Stabtomaten. Für die Topfkultur eignen sich die Buschtomaten besonders gut. Stabtomaten brauchen eine feste Stütze, die bei Topfkultur außerhalb des Topfes stehen sollte, damit die Standfestigkeit gewährleistet ist. Sie können nämlich auch im Topf

Bunte Tomatenvielfalt in Töpfen und Kästen.

Auf einen Blick Bewährte Tomatensorten

Sorte	Wuchs	Fruchtfarbe
'Balkonstar'	Balkontomate	rot
'Balconi Red', 'Balconi Yellow'	Balkontomate	rot oder gelb
'Tumbling Tom'	Balkontomate	rot oder gelb
'Harzfeuer'	Buschtomate	rot
'Supersweet 100'	Cocktailtomate	rot
'Picolino'	Cocktailtomate	rot
'Ochsenherz'	Fleischtomate	rot
'Incas'	Flaschentomate	rot
'Yellow Pearshaped'	Birnenförmige Tomate	gelb
'Tigerella'	Stabtomate	rotgelb gestreift
'Tomaccio'	Cocktailtomate	rote Früchte, können wie Rosinen getrocknet werden

noch stattliche 2 m hoch werden! Ihr Ertrag ist höher als der von Buschtomaten. Die gedrungen wachsenden Buschtomaten sind dafür attraktiver und für die Platzverhältnisse eines Balkons besser geeignet. Es gibt sogar spezielle Buschtomaten, die sehr klein bleiben und sich auch im Balkonkasten wohl fühlen. Achten Sie bei der Sortenwahl auf die Eigenschaften Ihrer „Wunschtomate". Resistente Sorten sind immer zu bevorzugen, außerdem sollten Sie Blüte- und Reifezeitpunkt berücksichtigen. Denken Sie daran, dass großfrüchtige Tomatensorten gestutzt werden müssen, damit alle Früchte gut ausreifen. Besonders gut geeignet sind Cocktail- oder Rispentomaten. Hier können Sie viele kleine, hocharomatische Früchte ernten. Erfahrenere Balkongärtner können auch alte Sorten wie 'Ochsenherz' oder 'Grünes Zebra' ausprobieren.

Für den Hobbygärtner werden auch veredelte Tomaten oder Veredlungswerkzeug für Tomaten angeboten. Der Vorteil des Veredelns: Eine empfindliche Sorte kann auf eine robuste, wurzelstarke Sorte veredelt werden. Die Kombination wächst kräftiger und ist weniger anfällig. Setzen Sie veredelte Tomaten aber nicht zu tief, da die oben befindliche Edelsorte sonst selbst Wurzeln bildet und die Veredlung umsonst war.

Wild gestreift und kunterbunt

Tomaten sind nicht nur kugelrund und rot – Größe und Form der Tomatenfrüchte können sehr stark variieren. Neben den großen Fleischtomaten gibt es auch die kleineren Johannisbeertomaten. Die Welt der Tomaten hält ein sehr breites Sortiment bereit, von Flaschentomaten ('Roma') über Cocktailtomaten bis hin zu birnenförmigen Tomaten ('Yellow Pearshaped'). Da packt den Sammler schnell der Ehrgeiz! Farblich gesehen bieten Tomaten ebenfalls alles, was das Herz begehrt: Rot, Gelb, Orange ('Sungold'), ein sehr dunkles, fast schwarzes Rot ('Noire de Russe'), Rotbraun, Weiß, Grün ('Grünes Zebra') und sogar gestreift ('Tigerella'). Und wo bitte sollen die alle stehen? Beschränken Sie sich doch am Anfang auf rote und gelbe Tomaten. Wenn alles gut gedeiht, können Sie jedes Jahr eine Tomatenpflanze durch eine besondere Sorte ersetzen.

Cocktailtomaten einer Rispe reifen nacheinander ab.

kräftiger werden. Ab Mitte Mai können die Tomaten dann auf den Balkon umziehen.

→ Achten Sie beim Kauf von Tomatenpflanzen unbedingt darauf, dass der Ballen nicht ausgetrocknet ist. Diese Pflanzen kümmern dann meist vor sich hin. Die Blätter müssen frisch und grün aussehen und dürfen nicht welk sein. Achten Sie besonders auf die Unterseite der Blätter, denn hier verbergen sich meistens Schädlinge. Der Haupttrieb sollte gut ausgebildet und nicht schwach sein. Je größer die Pflanzen beim Verkauf sind, desto teurer sind sie auch.

→ Planen Sie für jede Tomatenpflanze einen Topf ein. Er sollte wenigstens einen Durchmesser von 25 cm haben. Lassen Sie beim Eintopfen einen etwa 5 bis 10 cm hohen Gießrand, der später noch mit Erde aufgefüllt werden kann. Hier können sich dann noch Wurzeln bilden, die die Pflanze stützen und außerdem Wasser und Nährstoffe aufnehmen.

Tipps für eine erfolgreiche Tomatenernte

→ Tomaten lieben einen sonnigen, regengeschützten Platz.

→ Ab Ende Februar können Sie Ihre eigenen Tomaten in kleinen Töpfen oder in einer Saatschale aussäen. Sobald die ersten Laubblätter erscheinen, können die kleinen Pflänzchen vorsichtig in größere Töpfe gesetzt werden. Wenn die Kleinen etwas herangewachsen sind, kann schon mit einem Volldünger in halber Dosierung gedüngt werden. Das lässt sie

→ Lassen Sie Ihre Tomaten nie austrocknen! Sie reagieren sehr empfindlich darauf. Gießen Sie an heißen Tagen unbedingt morgens und abends. Besonders bei starken Schwankungen der Wassergaben können fast reife oder auch reife Tomaten platzen. Gießen Sie nicht über die Blätter. Bei Fruchtansatz wird regelmäßig gedüngt. Im Handel gibt es speziellen Tomatendünger zu kaufen.

→ Stab- oder Gartentomaten brauchen eine Stütze. Die Seitentriebe, die aus den Blattachseln wachsen, sollten Sie schon frühzeitig entfernen. Nach dem sechsten Blütenstand können Sie die Pflanze kappen und alle weiteren Blütenstände entfernen, damit die Früchte gut ausreifen. Die gesunden „Abfälle" können Sie den Tomaten auf die Erde legen. Bei Buschtomaten entfällt das Ausgeizen.

→ Ernten Sie nur voll ausgefärbte Tomaten. Reife Tomaten lassen sich leicht von der Pflanze lösen. Grüne, unreife Tomaten enthalten das giftige Alkaloid Solanin. Unreife, im Herbst geerntete Tomaten reifen in dunklen Tüten oder unter Zeitungspapier nach.

Namensvettern

Die Tomate (*Lycopersicon esculentum*) hat viele Verwandte: Auberginen, Kartoffeln und Kapstachelbeeren. Die hier vorgestellten Arten tragen in ihrem Namen das Wort Tomate, obwohl sie ihnen nicht einmal ähnlich sehen. Sie alle gehören zur Familie der Nachtschattengewächse.

■ **Die Baumtomate** oder Tamarillo (*Cyphomandra betacea*) stammt aus Peru und Bolivien. Die Früchte sehen aus wie kleine Hühnereier. Reif sind sie gelbrot oder purpurrot. Ihr Geschmack ist süß-säuerlich und ähnelt gar nicht dem der Tomate. Baumtomaten werden roh oder gekocht als Gemüse, als Saft oder zum Kompott verwendet.

■ **Die Tomatillo** (*Physalis philadelphica*, *P. ixocarpa*) stammt aus Mexiko. Die walnussgroßen, gelben Beeren haben einen anliegenden Kelch. Sie sehen den Kapstachelbeeren ähnlich, sind aber größer. In Mexiko sind die Tomatillos eine beliebte Zutat in Soßen wie „Salsa Verde" (siehe Seite 48) oder sie werden sauer eingelegt. Sie können wie Tomaten im Topf gezogen werden (siehe Seite 60).

■ **Die Quitotomate** (*Solanum quitoense*) wird auch Lulo, Naranjilla oder Quitoorange genannt. Die etwa 5 cm großen, orangegelben Früchte ähneln kleinen Apfelsinen. Sie sind sehr aromatisch und werden als Obst verzehrt.

Zweifelhafte „Liebesäpfel"

Die Tomate wurde bereits im 5. Jahrhundert v. Chr. in Peru angebaut. Nach der Entdeckung Amerikas durch die Spanier kam die Tomate schon früh nach Europa, wo sie allerdings zunächst als Kuriosum in den spanischen Gärten angebaut wurde. Von Spanien aus gelangte sie erst nach Italien und die Niederlande, wo sie den Namen „Pommes d'amour" („Liebesapfel") erhielt. Die Früchte galten in vielen Ländern als giftig und man sagte ihnen nach, dass sie bei Genuss zu Liebeswahn führen. Erst um 1900 wurde in Deutschland aus dem „Liebesapfel" die „Tomate". Dieser Name ist dem aztekischen „tomatl" entlehnt.

Im 16. Jahrhundert wurde die Tomate in Spanien bereits als Gemüse genutzt. In anderen Ländern war man da skeptischer und probierte die Tomate sicherheitshalber zunächst nur in gekochter Form. Im 18. Jahrhundert eroberte die Tomate Großbritannien, wo sie allerlei Verwendungsmöglichkeiten fand. In Deutschland wurde die Tomate erst um 1900 populär.

Himmelsstürmer

Kletternde Gemüsearten sind eine gute Möglichkeit, kleine Balkone zu begrünen. Die Triebe können an Spalieren, Gittern, Stäben, Schnüren oder sogar an der Balkonbrüstung entlang ranken. Allen ist gemeinsam, dass sie große Gefäße und Stützhilfen benötigen. Das dichte Laubwerk einiger Arten kann sogar als Sicht- und Sonnenschutz der Extraklasse dienen: mit Aussicht auf schöne Blüten und leckere Früchte. Zwei solcher Klettergemüse wurden schon auf Seite 13 vorgestellt: Gurken und Erbsen. Unter den Bohnen sind die Feuer- und die Stangen-Bohne absolute Himmelsstürmer.

Kletternde Bohnen

Feuer- und Stangen-Bohnen wachsen problemlos dem Himmel entgegen. Sie benötigen nur einen tiefen Topf und viel Wasser. Stellen Sie einen Topf mit kräftig duftendem Bohnenkraut (*Satureja hortensis*) unmittelbar in die Nähe. So wird die Schwarze Bohnenlaus ferngehalten.

◾ **Feuer-Bohnen** (*Phaseolus coccineus*) sind so robust, dass sie sogar einen vollsonnigen Standort vertragen. Im Sommer blühen die Bohnen mit knallroten Blüten. Einige Sorten blühen auch weiß wie 'Weiße Riesen' oder zweifarbig rot-weiß wie 'Hestia'. Letztere ist eine Zwergsorte, die nicht klettert.

◾ **Stangen-Bohnen** (*Phaseolus vulgaris*) blühen nicht so spektakulär wie Feuer-Bohnen, können aber in Bezug auf die Farbe der Hülsen und Samen durchaus mithalten. Neben den grünen Bohnen gibt es auch gelbe Wachs-Bohnen wie 'Goldelfe' und violette Bohnen wie 'Blauhilde'. Wem das noch nicht reicht, kann in Saatgutkatalogen blättern und gesprenkelte und gestreifte Sorten wie 'Borlotto lingua di fuoco nano' oder 'Berner Landfrauen' wählen.

◾ Nicht alle Bohnen wachsen in die Höhe. **Acker-Bohnen** (*Vicia faba*) und **Busch-Bohnen** (*Phaseolus vulgaris*) bleiben lieber in Bodennähe. Die verschiedenen Sorten mit kurzen und langen Hülsen und vielen farbigen Akzenten bringen Abwechslung auf den Balkon. Sie werden wie die anderen vorgestellten Bohnen ab Mitte Mai ausgesät. Die kälteunempfindlichen Acker-Bohnen können schon ab März ausgesät werden. Geerntet wird nach 10 bis 12 Wochen, wenn die Hülsen noch grün sind.

Feuer-Bohnen sind wüchsig und vertragen viel Sonne.

Mini-Melonen

An Mini-Melonen oder Mexikanischen Mini-Gurken (*Melothria scabra*) wachsen etwa 3 cm lange Früchte, die aussehen wie Zwerg-Wassermelonen, aber wie Gurken schmecken. Sie können roh als kleiner Snack für zwischendurch genossen oder wie Gurken sauer eingelegt werden. Die dekorativen Früchte bereichern auch jedes kalte Büffet. Die Ranken werden bis zu 3 m lang und liefern ab dem Spätsommer viele kleine Früchte.

Ab Mitte Mai können zwei bis drei Samen direkt in Töpfe gesät werden. Eine Vorkultur ab April ist auch möglich. Belassen Sie pro Topf nur ein Pflänzchen. Geben Sie drei wie ein Zelt zusammengefügte Bambusstäbe als Kletterhilfe mit in den Topf. Gießen und düngen Sie die Mini-Melonen im Sommer reichlich. An einem sonnigen, windgeschützten Platz aufstellen.

Tipps für eine grüne Bohnenwand

→ Ab Mitte Mai wird direkt in den Topf gesät. Geben Sie gleich bei der Aussaat ein Zelt aus drei zusammengefügten Bambusstäben in den Topf. An jeden Stab wird dann ein Samen gelegt. Am Anfang sollten Sie die Triebe vorsichtig aufbinden, später halten sie sich allein fest.

→ Bohnen sind besonders in heißen, trockenen Sommern anfällig für Spinnmilben. Regelmäßiges Übersprühen mit Wasser kann den Befall eindämmen.

→ Wenn Sie die jungen Früchte regelmäßig ernten, werden Sie immer wieder aufs Neue mit Blüten und Früchten überrascht. Die jungen Bohnenhülsen müssen vor dem Genuss abgekocht werden. Wenn Sie die Früchte ausreifen lassen, können die Bohnenkerne eingefroren oder getrocknet werden.

→ Achten Sie beim Kauf der Samen darauf, ob es sich auch um Stangen-Bohnen handelt. Busch-Bohnen gehören der gleichen Art an, klettern aber nicht.

Kleine Kürbisse

Kürbisse (*Cucurbita pepo*) bilden ebenso wie Gurken lange Ranken, an denen zunächst spektakuläre gelbe Blüten und später Kürbisse wachsen. Bevorzu-

gen Sie dabei kleinfrüchtige Kürbisse wie 'Patisson', 'Lakota' oder 'Turk's Turban'. Diese werden unreif geerntet, wenn sie etwa einen Durchmesser von 12 cm haben. Wenn Sie die Früchte ausreifen lassen, können sie als Zierkürbisse dienen. Achten Sie bei der Auswahl der Samen darauf, dass es sich um mehltautolerante bzw. -resistente Sorten handelt. Eine Neuheit ist die Kletter-Zucchini 'Black Forest'. Im Gegensatz zu anderen Zucchini bildet sie Ranken aus und wächst in die Höhe.

→ Ab Mitte Mai zwei Samen direkt in einen großen Topf oder Kasten aussäen. Wenn beide aufgehen, den Schwächeren entfernen. Im Sommer viel gießen und regelmäßig düngen. Ein Tomatendünger ist hier auch gut geeignet.

Kletterhilfen

Schnüre und Drähte können von der Brüstung zur Decke gezogen werden. Stäbe gibt es in verschiedenen Größe und Materialien. Sie werden am besten schon bei der Aussaat mit in den Topf gesteckt. Rankgitter und Spaliere können selbst gebaut werden, gibt es aber auch fertig im Handel zu kaufen. Nicht nur Bohnen, sondern auch Erbsen, Gurken und Tomaten sind für Kletter- und Stützhilfen dankbar.

Schätze aus der Erde

Auf dem Balkon lassen sich sogar Kartoffeln und andere Knollen- und Wurzelgemüse anbauen. Sie brauchen nur große und tiefe Gefäße, damit sich Knollen und Wurzeln auch gut entwickeln können. Die Ernte ist zwar nicht üppig, dafür schmecken die Schätze aus der Erde besonders gut. Grenzen sind da gesetzt, wo die Wurzeln zu tief gehen, etwa bei Schwarzwurzeln und Meerrettich. Der Anbau von Kartoffeln, Topinambur, Möhren und Zwiebeln in Töpfen und Kästen lohnt sich durchaus.

Von Tartuffeln und Nudeln

Als die Kartoffeln erstmals über Spanien nach Italien kamen, wurden sie dort ihrer Form wegen Trüffelchen („tartufoli") genannt. Aus den Tartüffeln wurden auf geheimnisvollem Wege im Laufe der Zeit die Kartoffeln. An ihrem Heimatort, den Anden, wurden die Kartoffeln „papas" genannt, aus denen die spanischen „patatas" und die englischen „potatos" wurden. Schon früh waren die Kartoffeln als Spezialität geschätzt und wurden in Gärten angepflanzt. An einen großflächigen Anbau war nicht zu denken, denn die Kartoffeln lieferten unter unseren Klimabedingungen nur geringe Erträge. Erst mit der Auslese geeigneter Sorten begann der Siegeszug der Kartoffel in Europa. Die Vielfalt ihrer Namen im deutschsprachigen Raum zeigt die Wertschätzung für die Erdknolle: Tartüffeln, Artoffeln, Erdtoffeln, Kartoffeln, Pataten, Pantoffeln, Pantuffeln, ja sogar Nudeln.

Frisch aus dem Kartoffeltopf

Um Kartoffeln (*Solanum tuberosum*) auf dem Balkon oder der Terrasse zu ziehen, benötigen Sie nur einen großen Eimer oder Topf und eine mittelgroße Kartoffel, die schon Keimlinge getrieben hat. Ab Mai füllen Sie dann den Kartoffeltopf zunächst mit einer Dränageschicht aus Kies oder Blähton und dann zu zwei Dritteln mit Erde. Legen Sie die Kartoffel mit den Keimlingen nach oben in die Mitte und streuen Sie soviel Erde darüber, dass die Kartoffel bedeckt

ist. Nach einigen Tagen durchstoßen dann die ersten Triebe die Erde. Wenn sie 10 bis 15 cm lang sind, wird es Zeit, wieder etwas Erde nachzulegen. Diesen Vorgang nennt man Anhäufeln. Die Kartoffeln bilden so mehr Seitentriebe, an deren Ende die Kartoffelknollen sitzen. Das Anhäufeln können Sie so oft wiederholen, bis ein Gießrand von 3 cm übrig bleibt.

→ Der Kartoffeltopf sollte wenigsten 30 cm breit und tief sein. Ist er breiter, können auch zwei oder mehr Kartoffeln gesetzt werden.

→ Saatkartoffeln gibt es meist nur in Abfüllmengen von 2,5 kg und 5 kg. Das sind viel zu viele Kartoffeln für einen Balkon! Nehmen Sie eine getriebene Kartoffel aus Ihrer Kartoffelkiste. Wenn Sie eine bestimmte Sorte haben möchten, schauen Sie an den Gemüseständen auf Wochenmärkten nach Raritäten. Kartoffeln keimen, sobald sie einige Tage dem Licht ausgesetzt wurden.

Pflegetipps für eine reiche Kartoffelernte

Kartoffeln vertragen sonnige und halbschattige Standorte. Sie sind selbst für Nordbalkone geeignet. Auf einem Südbalkon sollten sie lieber in einer schattigeren Ecke stehen.

→ Gießen Sie die Kartoffelpflanze regelmäßig. Besonders während der Blütezeit ist es wichtig, dass die Kartoffeln nicht trocken werden. Zu dieser Zeit beginnen sich nämlich die Knollen zu entwickeln. Düngen Sie wöchentlich mit einem flüssigen Volldünger. Sobald das Laub im Herbst zu welken

Kartoffeln brauchen einen großen Topf zum Gedeihen.

Lauchzwiebeln

Die Familie der Zwiebelgewächse ist groß. Zu ihr gehören unter anderem die Zwiebeln, der Knoblauch und der Schnittlauch. Zwiebeln können gesteckt oder gesät werden. Versuchen Sie es erst einmal mit Lauchzwiebeln (*Allium cepa*). Sie treiben lauchähnliches Laub und bilden keine Zwiebeln aus, sondern nur einen verdickten weißen Schaft wie Porree. Lauchzwiebeln werden im Frühjahr gesät. Die Sorte 'Toga' hat einen roten Schaft. Lagerzwiebeln brauchen lange, bis sie reif sind und sehen dann mit dem trockenen Laub nicht mehr schön aus. Die Lauchzwiebeln können Sie als Umrandung in großen Pflanzgefäßen oder in einem Kasten pflanzen. Lassen Sie nach allen Seiten einen Abstand von 10 cm.

beginnt, sollten Sie weniger gießen und nicht mehr düngen.

→ Sie können Ihre eigenen Kartoffeln ernten, wenn das Laub vollständig welk ist. Sollten frostige Herbstnächte drohen, können Sie auch schon eher ernten. Frühkartoffeln werden zur Blütezeit geerntet. Genießen Sie die eigene Kartoffelernte ganz frisch als Pell- oder Bratkartoffeln. Sie werden begeistert sein!

→ Ein wichtiger Schädling an Kartoffeln ist der Kartoffelkäfer. Sollten Sie solch einen schwarz-gelb gestreiften Käfer auf Ihren Kartoffelpflanzen entdecken, sammeln Sie ihn ab und suchen Sie auf den Unterseiten der Blätter nach orangefarbenen Eigelegen. Entfernen Sie diese unbedingt, sonst haben Sie bald ein Dutzend gefräßiger Larven.

→ Frühlingszwiebeln und einige Lauchzwiebeln können auch im August ausgesät werden. Sie sind frosthart und können als erste Zwiebeln im Frühjahr geerntet werden (daher ihr Name!). Etagenzwiebeln bilden in luftiger Höhe am Ende eines Stängels ein Nest mit vielen kleinen Zwiebelchen aus.

Kartoffelkunde

Frühkartoffeln wie 'Sieglinde' können Mitte Juni bis Mitte Juli geerntet werden. Sie sollten eine feste Schale haben, die sich nicht mehr abreiben lässt. Spätkartoffeln wie 'Adretta' werden geerntet, wenn das Laub im Herbst welk wird. 'Rosella' ist rotschalig und 'Vitelotte Noire' blaufleischig. Beides sind mittelfrühe Sorten, die im August geerntet werden können.

Knolliger Topinambur

Topinambur (*Helianthus tuberosus*) stammt wie die Kartoffel aus der Neuen Welt (Nord- und Südamerika). Um 1600 gelangte er nach Europa und wurde unter anderem in Frankreich auf Feldern angebaut. Im 18. Jahrhundert wurde er jedoch endgültig von der erfolgreicheren Kartoffel verdrängt. In einigen Regionen sind die Knollen des Topinambur als „Erdbirne" oder „Jerusalemartischocke" bekannt. Die spindelförmigen, etwa kartoffelgroßen Knollen sind manchmal auf Wochenmärkten zu finden. Ihr Fleisch ist weiß und hat einen nussähnlichen Geschmack. Topinambur schmecken roh, gedünstet oder gebacken. Die Knollen brauchen nur gewaschen und gebürstet zu werden.
Die sonnenblumenähnlichen Blüten verraten die Verwandtschaft zur Sonnenblume. Sie blühen nur etwas später im Herbst. Das Farbspektrum reicht von hellgelb über sonnengelb bis rotbraun. Die geschnittenen Blütenstiele sind in Vasen sehr lange haltbar. Die mehrjährigen Pflanzen können ohne Probleme auf dem Balkon überwintert werden.

→ Die Knollen können Sie auf Wochenmärkten oder über Kataloge erwerben.

→ Legen Sie so früh wie möglich, aber spätestens bis Mitte April eine oder mehrere Knollen in einen großen, tiefen Topf, der zu zwei Drittel mit Erde gefüllt ist. Schichten Sie dann die Erde bis zum Gießrand auf.

→ Topinambur ist sehr anspruchslos. Gießen Sie reichlich und düngen Sie wöchentlich. Geben Sie den Trieben eine Stütze, denn sie können im Topf immer noch eindrucksvolle 2 m erreichen.

→ Sie können die Knollen im Spätherbst ernten. Legen Sie nach der Ernte gleich wieder ein paar Knollen in die frische Erde für das nächste Jahr. Mit Winterschutz überstehen die Knollen den Winter.

→ Topinambur sollte nicht mit anderen Pflanzen in einen Topf gesetzt werden, da sein Wurzelwerk so dicht wird, dass keine andere Pflanze darin Platz findet.

Süße Kartoffeln

Die Süßkartoffel (*Ipomoea batatas*) gilt hierzulande noch als Exot in unseren Gemüsegeschäften. Sie ist nicht verwandt mit den Kartoffeln, wie man durch den deutschen Namen vermuten könnte. Sie ist verwandt mit den schön blühenden Prunkwinden (*Ipomoea tricolor*). Die Süßkartoffel ist eine mehrjährige, krautige Kletterpflanze aus den Tropen. Wenn ihre Triebe in die Erde einwurzeln, bilden sich Wurzelknollen. Die Knollen sind reif, wenn das Laub welkt. Bataten schmecken leicht süßlich und eignen sich zum Backen, Frittieren, Kochen und als Püree.
Setzen Sie eine nicht zu große, feste Süßkartoffel senkrecht zur Hälfte in ein Erde-Sand-Gemisch. Zunächst bilden sich Wurzeln und kurz darauf zeigen sich auch die ersten grünen Triebe. Geben Sie der Süßkartoffel ab Juni einen warmen, sonnigen Platz auf dem Balkon. Vor dem nächsten Gießen sollte die Erde erst abtrocknen. Geben Sie wöchentlich einen Volldünger. Die Pflanzen sind nicht frosthart. Sie können einen bewurzelten Steckling im Zimmer überwintern oder im Frühjahr mit einer neuen Süßkartoffel beginnen.

Knackige Möhren

Nichts geht über eine selbst geerntete, knackige Möhre. Um richtig leckere Topfmöhren zu ernten, brauchen Sie ein tiefes Gefäß. In Töpfe können Sie drei bis vier Samen säen. In Kästen sollten zwischen den einzelnen Pflanzen 4–5 cm Abstand eingehalten werden. So haben die Möhren Platz zum Wachsen. Möhren (*Daucus carota*) können gut mit anderen Gemüsepflanzen wie Salat oder Kräutern, etwa Schnittlauch, Dill, Majoran und Rosmarin, in einem Topf kombiniert werden. Etwa zwölf Wochen nach der Aussaat sind frühe Möhren erntereif. Möhren müssen nicht alle zum gleichen Zeitpunkt geerntet werden. Sie können je nach Bedarf aus der Erde gezogen werden.

→ Möhren und Karotten sind botanisch gesehen identisch. In einigen Regionen nennt man die runden Möhren allerdings Karotten.

→ Möhrensamen werden ab März dünn und etwa 1 cm tief gesät. Im Handel erhältliche Saatbänder und -platten erleichtern die Aussaat. Verlieren Sie nicht die Geduld, Möhrensaat geht erst nach drei bis vier Wochen auf.

Topinambur zeigt im Herbst seine gelben Blüten.

→ Nach dem Auflaufen werden die überzähligen Sämlinge entfernt, so dass ein Pflanzenabstand von etwa 5 cm erreicht ist. Gießen Sie die Möhren regelmäßig, damit die Wurzeln, die später geerntet werden, nicht austrocknen oder platzen.

→ Wählen Sie für die Topfkultur keine langen Winter- oder Lagermöhren, sondern frühe Sorten mit kurzen, stumpfen Wurzeln wie 'Mini Finger', 'Pariser Markt' und 'Early Nantes 2'. Nicht geerntete Möhren blühen im folgenden Jahr.

Lieblingsgemüse

Sonnengereifte Paprika, Auberginen, Tomaten und Kräuter aus dem Topf.

Gehören Sie schon zu den begeisterten Balkongärtnern und wollen mal etwas Ungewöhnliches ausprobieren? Wie wäre es mit Auberginen und Paprika? Beide sind bestens für die Topfkultur geeignet. Sie können in unseren Breiten selten im Freiland angebaut werden, weil sie so wärmebedürftig sind. Noch eine Zucchini dazu – und schon haben Sie alle wichtigen Zutaten für ein „Ratatouille à la Balkonien" beisammen!

Auberginen & Paprika

Sie kennen sich bereits mit Tomaten auf Balkonien aus? Dann sollten Aubergine (*Solanum melongena*) und Paprika (*Capsicum annuum*) auch kein Problem für Sie sein. Ihre Kultur ist der von Tomaten sehr ähnlich. Sie können Ende Februar auf der Fensterbank ausgesät werden. Bei Auberginen wäre es eigentlich besser, Jungpflanzen im Gartencenter zu kaufen, doch ist hier die Auswahl nicht so groß wie bei den Samentüten! Abwechslung ist bei beiden Gemüsearten garantiert. Es gibt glockenförmige oder lang gestreckte Paprikaschoten, die von blassgrün über rot bis schwarz gefärbt sein können. Die Urform der Auberginen hat eine weiße Außenhaut. Daher werden sie auch oft „Eierfrucht" genannt. Neben der bei uns bekannten dunkelvioletten Aubergine gibt es auch kleine runde und fingerförmige Früchte. Die Farbe kann dabei von Weiß über Rosa oder lila gestreift bis zu einem tiefen Violett reichen.

→ Paprika können ab Mitte Mai, Auberginenpflanzen besser erst ab Ende Mai ins Freie gestellt werden. Vergessen Sie nicht, die Jungpflanzen mit der halben Dosierung eines Volldüngers zu verwöhnen. Regelmäßig gießen und bei Fruchtansatz wöchentlich düngen. Auberginen nach der 5. Frucht kappen, damit die Früchte auch gut ausreifen.

→ Paprika sind erntereif, wenn die Schale glänzt. Unabhängig von ihrer Färbung im Reifezustand können sie grün geerntet werden. Das fördert den Fruchtansatz weiterer Früchte und erhöht die Ausbeute.

→ Auberginen dürfen nicht unreif geerntet werden! Sie enthalten das giftige Solanin. Haben Sie Geduld, die Erntezeit fällt erst in den September / Oktober. Sie sind reif, wenn sie glänzen und eine Größe von etwa 15 cm erreicht haben. Bei kugeligen Früchten die Angaben auf der Samentüte beachten!

Zucchini

Eine Zucchinipflanze (*Cucurbita pepo*) hat ein sehr einnehmendes Wesen. Sie sollten ihr daher genügend Platz anbieten. Verzichten Sie auf Sorten mit großen Früchten. Es gibt viele kleinfrüchtige Sorten wie 'Rondini', die für die Topfkultur bestens geeignet sind. Neu auf dem Markt ist die Kletter-Zucchini 'Black Forest', die an einem Spalier in die Höhe wachsen kann. An einem windgeschützten, sonnigen Platz werden Sie viel Freude und viele Früchte an Ihrer Zucchini haben.

→ Sie können die Zucchini ab Mitte Mai direkt in einen großen Topf säen. Legen Sie drei Samen in den Topf und lassen Sie den stärksten Sämling stehen, falls alle aufgehen sollten. Im Gartenhandel gibt es häufig auch Jungpflanzen zu kaufen. Achten Sie bei der Sortenauswahl auf mehltautolerante oder -resistente Sorten.

→ Im Sommer müssen die Pflanzen viel gegossen und gedüngt werden, besonders wenn sie Früchte angesetzt haben.

→ Sie können die Zucchini schon ernten, wenn sie Fingerdicke erreicht haben. Sie müssen keinen Wettbewerb gewinnen!

Die Blüten sind nicht nur schön anzusehen, sondern schmecken auch sehr gut. Die Sorte 'Seneca Butterblossom' setzt sehr viele Blüten an. Weibliche Blüten sind an der kleinen Frucht am Blütenboden zu erkennen. Manchmal braucht man etwas Geduld, bis auch weibliche Blüten an der einhäusigen Pflanze erscheinen. Zum Füllen der Blüten eignen sich beide Geschlechter gleichermaßen.

Echt provenzalisch

Ratatouille ist ein provenzalisches Schmorgericht, das aus Auberginen, Paprika, Zucchini, Tomaten und Zwiebeln besteht. Gewürzt wird mit Knoblauch, Salz, Pfeffer und Thymian. Die Gemüse bis auf die Tomaten und der Knoblauch werden in Olivenöl angeschwitzt. Dann kommen Tomaten, Thymian und Weißwein hinzu. Alles etwa 10 min abgedeckt schmoren lassen und abschmecken. Mit Baguette servieren.

Asia-Gemüse

Stilecht asiatisch kochen – und das mit selbst herangezogenen Zutaten! Pflanzen Sie die benötigten asiatischen Blattgemüse wie Mizuna, Amchoi und Komatsuna in einen Balkonkasten. Die Ernte erfolgt wie beim Salat: Sie können schon nach vier bis sechs Wochen die ersten Blätter von außen abernten oder später die gesamte Pflanze ernten. Die Geschmackspalette reicht von nussig, scharf bis kohlähnlich mild.

Pak Choi & Co.

Chinakohl ist in Deutschland schon längere Zeit ein Begriff. Seine Verwandten, die im Handel unter der Bezeichnung „Asia-Salate" angeboten werden, findet man eher selten. Salat ist ein irreführender Begriff, denn es handelt sich um Vertreter der Kohlfamilie – die Blätter werden in der Regel gegart.

Mungbohnen

Mungbohnensprossen können mit Hilfe von Keimgläsern oder Keimapparaten schnell und einfach selbst hergestellt werden. Nach fünf Tagen sind sie verzehrfertig. Eine Tasse Samen ergibt etwa 200 bis 300 g Sprossen. Sojabohnenkeimlinge sind etwas komplizierter in der Zucht als Mungbohnen. Sie müssen vier Mal am Tag gewässert werden und fangen schnell an zu modern, wenn sie nicht keimen.

■ **Mini Pak Choi** (*Brassica rapa* subsp. *chinensis*) hat löffelförmige Blätter mit breiten weißen Rippen. Die Aussaat erfolgt ab Juli direkt in den Topf. Bei zu früher Aussaat neigt Pak Choi zum Schossen, die Blütenstände schieben sich dann durch die Blattrosette. Bei Pak Choi ist das aber unproblematisch, denn die Blütenstände können Sie einfach mitessen.
■ **Amchoi** (*Brassica juncea*), auch Indischer Blattsenf genannt, wächst schnell und hat einen würzigen Geschmack. Er ähnelt in der Kultur dem Pak Choi.

■ **Mizuna** (*Brassica rapas* subsp. *nipposinica* var. *laciniata*) wächst schnell und ist anspruchslos. Auch hier empfiehlt sich wie bei den oben erwähnten asiatischen Blattgemüsen eine Sommeraussaat. Wenn die Blätter von außen abgeerntet werden, wächst die Pflanze wieder nach.
■ **Komatsuna** (*Brassica rapa* subsp. *nipposinica* var. *chinoleifera*) sieht aus wie Salat und schmeckt wie eine Mischung aus Spinat und Kopfkohl. Die Blätter können Sie schon nach acht Wochen ernten.

Chrysanthemen & Luffaschwamm

Sie kennen Chrysanthemen als Sommerblume und Luffa aus Trockengestecken? Als junge Pflanzen sind beide genießbar und werden in Asien gern gegessen.
■ **Die Salatchrysantheme** (*Xanthophthalmum coronarium*) ist bei uns als Wucherblume bekannt. In China und Japan wird sie wegen ihrer schmackhaften jungen Triebe angebaut. Diese werden nach etwa 30 Tagen geerntet, wenn sie 10 cm lang sind, und gedünstet oder gedämpft. Blätter und Blütenknospen haben einen pikanten Geschmack und passen zu Fischgerichten. Aussaat und Pflege erfolgen wie bei anderen einjährigen Sommerblumen.
■ **Die Nanking-Chrysantheme** (*Chrysanthemum nangkingense*) ist ausdauernd. Blütenblätter und Blütenknospen geben Chop-Suey seinen charakteristischen Geschmack.
■ **Die Schwammgurke** (*Luffa cylindrica*) ist eine tropische Kletterpflanze. Aus ihren reifen und getrockneten Früchten werden unter anderem Badeschwämme hergestellt. Ab Mai werden die Samen direkt in Töpfe gesät. An einem warmen, sonnigen Platz zeigen sich bald die weißen bis gelben Blüten. Die jungen Früchte können gedünstet verzehrt werden. Möchten Sie die dekorativen Schwämme „ernten", bleiben die Früchte so lange an der Pflanze, bis die Blätter welken. Danach werden die Früchte getrocknet und ausgewaschen.

Chinesisches Wokgemüse

Für ein Wokgericht können Sie das saisontypische Gemüse auf den Wochenmärkten einkaufen. Den letzten Pfiff geben aber selbst gezogene Asia-Gemüse!
Das Besondere am Kochen mit dem Wok ist, dass alles sehr schnell geht. Alle Zutaten stehen schon bereit und der Wok oder die Pfanne auf dem Herd. Zunächst werden alle Gemüse gewaschen, geputzt und klein geschnitten. Gewürze wie Ingwer und Knoblauch werden geschält, fein gehackt und kurz in heißem Öl angebraten. Danach kommt das geputzte Gemüse entsprechend seiner Garzeit nacheinander in das heiße Öl und wird in der Pfanne gerührt.

→ Für den typischen Geschmack können Sie abschließend eine Mischung aus 1 EL Sojasoße, 4 EL Brühe, 1 TL Sesamöl und ½ TL Zucker in die Pfanne zu dem Gemüse geben und noch einmal aufkochen lassen.
→ Die richtige Schärfe kommt mit wohl dosiertem Chili!
→ Nudeln oder Reis können als Grundlage für das Wokgemüse dienen.
→ Asiatische Kräuter wie Koriander, Schnittknoblauch und selbst gezogene Mungsprossen (siehe Kasten) verfeinern das Essen und geben ihm den einzigartigen Geschmack.

Mizuna (links im Bild) und Komatsuna sind mild im Geschmack.

Balkonkids

Um Mais und Sonnenblumen beim Wachsen zuzusehen, brauchst Du keinen Garten, das funktioniert auch auf dem Balkon.

Sonnengesichter

Sonnenblumen wachsen schnell in den Himmel und strahlen mit der Sonne um die Wette. Im Mai legst Du ein Samenkorn in einen großen Topf. Die Erde sollte feucht, aber nicht nass sein. Nach einigen Tagen erscheinen die Keimblätter. Ab jetzt kannst Du der Sonnenblume beim Wachsen zusehen. Im Sommer zeigt sich dann der große Blütenkorb mit den gelben Blütenstrahlen. Im Herbst liefern die Blütenkörbe Sonnenblumenkerne, die Du selbst knabbern oder als Winterfutter für die Vögel auf den Balkon legen kannst. Im Sommer musst Du regelmäßig gießen und wöchentlich sparsam düngen!

■ Für den Balkon sind besonders die **kleinen Topf-Sonnenblumen** wie 'Sunspot' und 'Teddy' gut geeignet. Die Sorte 'Teddy' besitzt gefüllte Blüten: Sie sieht so wuschelig aus wie ein Teddybär!

■ Mit **höher wachsenden Sorten** wie 'Domino' und 'Herbstschönheit' kannst Du mit Deinen Freunden in einen Sonnenblumenwettstreit treten. Diese Riesen werden etwa 2 m hoch. Sie brauchen daher einen großen, tiefen Topf und eine Stütze.

Zuckersüße Körner

Du brauchst mindestens zwei Pflanzen, wenn Du Zuckermais ernten willst. Mehrere Pflanzen nebeneinander erhöhen die Chance einer gegenseitigen Befruchtung und sind gleichzeitig ein toller Windschutz. Mais ist eine wärmebedürftige, zunächst langsam wachsende Pflanze.

→ Ende April kannst Du die Samen bereits in kleinen Töpfen auf der Fensterbank aussäen.

→ Ab Ende Mai können die Maispflanzen dann in große Töpfe oder Kästen auf den Balkon umziehen.

Ausgepulte Sonnenblumenkerne ergeben ein lustiges Sonnengesicht.

Kapstachelbeeren wachsen in kleinen „Lampions".

Bunten Amero- und Erdbeer-Mais kannst Du trocknen.

→ Mais ist anspruchslos. Wenn Du etwas Erde um die Wurzeln häufelst, förderst Du die Wasseraufnahme.

→ Im Sommer musst Du den Mais viel gießen und einmal wöchentlich düngen.

→ Wenn die Fäden der Kolben vertrocknen, ist der Mais erntereif. Die Maiskörner sind jetzt hellgelb und die Kolben noch grün. Das ist meist im September der Fall. Wenn Du Deinen Fingernagel in ein Korn drückst, tritt eine milchige Flüssigkeit aus. Jetzt kann der Maiskolben gekocht, gegrillt oder gedünstet werden. Guten Appetit!

■ **Erdbeer-Mais** hat kleine Kolben mit roten Körnern, die aussehen wie große Erdbeeren! Die getrockneten Körner können in der Pfanne in Popcorn verwandelt werden.

■ **Bunte Mini-Maiskolben** kannst Du getrocknet als Dekoration verwenden. Du pflegst sie ähnlich wie Zuckermais. Die Sorte 'Harlekin' hat kleine Kolben in verschiedenen Farben und Mustern, das sieht lustig aus!

Kleine Lampions

Kapstachelbeeren verstecken ihre Früchte in kleinen Lampions, die sich im September goldbraun färben. Dann sind die Früchte auch reif und Du kannst sie ernten. Nur auf einem nach Süden ausgerichteten Balkon können alle Früchte ausreifen. Um in den Genuss der kleinen Früchtchen zu kommen, brauchst Du allerdings Geduld.

→ Ab März säst Du die Samen in kleine Töpfe, drückst die Samen leicht an und streust etwas Erde darüber.

→ Stülpe anschließend eine durchsichtige Tüte über die Töpfe, damit die Erde feucht bleibt.

→ Sobald die Sämlinge erscheinen, kannst Du die Tüte entfernen. Zupfe alle Pflanzen bis auf zwei pro Topf aus. Halte die Erde feucht, aber nicht zu nass. Ab Ende Mai kannst Du die Sämlinge in große Töpfe umsetzen und auf den Balkon stellen.

→ Kapstachelbeeren werden sehr schnell sehr groß. Im Sommer brauchen sie viel Wasser und Dünger.

Dekoratives Kohlgemüse

Kohl ist eine sehr dekorative Erscheinung auf Ihrem Balkon. Die Kohlfamilie zeigt eine sehr große Bandbreite an Formen und Farben. Denken Sie nur an den rot bereiften Rotkohl oder den Grünkohl mit den stark gekrausten Blättern. Kohlgemüse hat eine lange Standzeit auf dem Balkon, da es erst im Herbst geerntet wird. Dafür haben Sie aber den ganzen Sommer und Herbst eine oder mehrere Pflanzen mit hohem Zierwert auf dem Balkon.

Kohl im Topf

■ **Grünkohl** (*Brassica oleracea* var. *sabellica*) hat stark gekrauste Blätter, die wie Palmwedel vom Stamm abstehen. Greifen Sie auf niedrige Sorten wie 'Dwarf Green Curled' oder auf halbhohe Sorten wie 'Halbhoher grüner Krauser' zurück, die etwa 30 bis 50 cm hoch werden. Die Sorte 'Red Bor' hat rotgekrauste Blätter. Im Herbst können Sie die jungen Triebe aus der Krone ernten. Nach Frosteinwirkung schmecken die Blätter besonders gut. In milden Wintern und mit Winterschutz kann der Grünkohl überwintert und im Frühjahr geerntet werden.

Vorsicht, Mitesser!

Achten Sie auf Eigelege des Kohlweißlings an der Blattunterseite. Die Raupen sind sehr gefräßig und würden dem schönen Kohlkopf schnell den Garaus machen. Ringelblumen in der Nähe verwirren die Schmetterlinge, so dass sie den Kohl nicht finden. In feuchten Jahren kann Mehltau auftreten. Befallene Blätter sollten frühzeitig entfernt werden.

■ **Zierkohl** (*Brassica oleracea* var. *acephala*) wird im Herbst in vielen Gartencentern angeboten. Er gehört wie der Grünkohl zu der Gruppe der Blattkohle. Nicht nur die Blattfarben wie ein helles Grün oder ein kräftiges Violett, sondern auch das Aussehen der Blätter ist spektakulär. Beliebte Sorten sind 'Sunrise',

'Sunset' oder 'Gefranste Mischung'. Wenn Sie den Zierkohl selbst anbauen, können Sie ihn im Herbst auch ernten und verzehren. Gekauften Zierkohl sollten Sie wirklich als Zierde verwenden, da er meistens mit Pflanzenschutzmitteln behandelt wurde.

■ **Palmkohl** hat blau bereifte, gekrauste Blätter, die wie die vom Grünkohl geerntet werden.

Kohl mit Köpfchen

■ **Kohlrabi** (*Brassica oleracea* var. *gongylodes*) ist eine schnellreifende Kohlart. Die kleinen knollenförmigen Rüben sind schon nach acht bis zehn Wochen erntereif. Die Sorte 'Delikatess Witte' kann per Folgesaat über die gesamte Balkonsaison geerntet werden. Blaue Kohlrabi-Sorten wie 'Blusta' sind besonders hübsch anzusehen.

■ **Rotkohl, Weißkohl, Wirsing** (*Brassica oleracea* var. *capitata*) und Rosenkohl (*Brassica oleracea* var. *gemmifera*) können auch in Kübeln angebaut werden. Aufgrund ihres ausladenden Wuchses sollten Sie nur wenige Töpfe, am besten eine Mischung verschiedener Arten, auf den Balkon stellen. Treffen Sie die Sortenwahl eher hinsichtlich Dekoration als nach Genusswert. Rosenkohl kann wie Grünkohl überwintert werden. Die kleinen Röschen brauchen vor dem Verzehr Frost. Rotblättrige Sorten wie 'Falstaff' oder 'Rubine' bringen Abwechslung.

■ **Blumenkohl** (*Brassica oleracea* var. *botrytis*) ist eine besonders anspruchsvolle Kohlart. Bevor man sich auf dieses Abenteuer einlässt, sollte auch während der Urlaubszeit die Bewässerung sichergestellt sein. Schon kleine Schwankungen reichen aus, dass sich der gestauchte Blütenstand – also das weiße „Erntegut" – nicht richtig entwickelt. Sobald sich dieser gebildet hat, werden zwei oder drei innere Blätter abgeknickt und darüber gelegt, damit er auch weiß bleibt.

■ **Brokkoli** (*Brassica oleracea* var. *italica*) ist da schon etwas pflegeleichter, kann aber enorme Ausmaße

annehmen. Bei richtiger Ernte der Blütensprosse wachsen bald neue Sprosse nach. Sprossbrokkoli können Sie mehrmals beernten.

Erfolgreich mit Kohl

Allen Kohlpflanzen ist gemeinsam, dass sie viel Wasser und Dünger während ihrer Wachstumsphase brauchen. Geben Sie jeder Pflanze einen eigenen großen Topf oder Kübel. In Kästen können auch mehrere Pflanzen stehen. Bedenken Sie dabei, dass ein Kopfkohl etwa 60 cm Pflanzabstand zum nächsten Kopfkohl braucht. Ein Sprossenkohl kann bei gutem Wachstum etwa 90 cm hoch werden. Wählen Sie frühe und kleinkopfige Sorten wie die Weißkohl-Sorte 'Mini-Weißkohl' und die Blumenkohl-Sorte 'Erfurter Zwerg'.

→ Ein sonniger bis halbschattiger Platz ist ideal. Auf einem heißen Südbalkon sollten Sie ein schattigeres Eckchen auswählen.

→ Säen Sie ab Mitte März die Samen dünn in Pflanzschalen. Vereinzeln Sie die jungen Pflänzchen auf etwa 7 cm Abstand. Ab Mitte April können Sie die Sämlinge dann auspflanzen. Kohlrabi

kann auch gleich direkt in den Topf gesät werden. Lassen Sie dann den kräftigsten Sämling in der Mitte des Topfes stehen.

→ Schauen Sie sich im Frühjahr in Gartencentern und Gärtnereien um. Hier können Sie junge Kohlpflanzen kaufen.

→ Vor dem Auspflanzen wird die Erde mit etwas organischem Langzeitdünger wie Hornspänen gemischt. Setzen Sie die Pflänzchen etwas tiefer bis zum Ansatz der Herzblätter in die Erde.

→ Vergessen Sie nicht das regelmäßige Gießen. Besonders Blumenkohl und Kohlrabi nehmen Trockenphasen sehr übel.

Die Blätter des Palmkohls sitzen schopfartig am Ende der Stängel.

Fast zu schön zum Ernten

Viele Gemüsearten sehen so schön aus, dass man sie gar nicht ernten will. Das ist aber nicht schlimm. Schließlich ist so ein Küchengarten in Töpfen und Kästen auch nicht nur zum Ernten da, sondern auch zum Genießen und Staunen. Gemüse mit einer langen Wachstumszeit wie Rotkohl, Grünkohl oder Topinambur wird sowieso erst im Herbst geerntet, bevor man den Balkon winterfit macht. Andere verlieren dagegen schon vorher ihren Schmuckwert, beispielsweise Zwiebeln und Kartoffeln.

Einige Fruchtgemüse wie Tomaten, Gurken und Bohnen sollten aber trotzdem von Zeit zu Zeit geerntet werden, damit die schmückenden Blüten und Früchte immer wieder neu erscheinen.

Schmackhafte Disteln

Wer kennt sie nicht, die Artischocke (*Cynara scolymus*), deren Blütenböden so lecker schmecken. Es kostet echte Überwindung, diese Köstlichkeit schon im Knospenzustand zu ernten! Wer sie im Herbst einmal in voller Blüte gesehen hat, ist begeistert von ihren großen, purpurblauen Blüten. In einem Kübel auf Balkon oder Terrasse verbreiten sie mediterranes Flair. Schneiden Sie die Blüten, wenn sie sich gerade öffnen, dann sind sie gut für Trockenblumensträuße geeignet.

→ Ab Mitte Mai können die vorgezogenen Pflanzen ins Freie gestellt werden. Geben Sie den Artischocken einen großen Topf und viel Platz.

→ Im Sommer immer regelmäßig gießen und düngen. Im Herbst werden die Blätter dicht über dem Boden abgeschnitten. Da die Stauden im Topf nicht zuverlässig winterhart sind, sollten sie gut eingepackt oder frostfrei überwintert werden.

→ Ab Juli können Sie die Blütenköpfe ernten. Normalerweise blühen Artischocken erst im zweiten Jahr. Die Sorte 'Imperial Star' blüht dagegen schon im ersten Jahr.

Bunt, bunter, am buntesten

Mangold (*Beta vulgaris* var. *cicla*) kann mit seinen Blattstielen ein wahres Feuerwerk an Farben auf Ihren Balkon zaubern. Die Sorte 'Lukullus' hat weiße Blattstiele, die Sorte 'Rhubarb Chard' dunkelrote Blattstiele. Wenn Sie es ganz bunt mögen, säen Sie die Sorte 'Bright Lights' aus: hier wechseln sich Pflan-

Blühende Artischocken sind eine Augenweide – doch schmackhaft sind die Blütenböden.

Mangold der Sorte 'Bright Lights' macht Laune.

Grün, Gelb oder Violett – so bunt können Bohnen sein!

zen mit grünen, weißen, gelben, orangefarbenen, roten und rosafarbenen Stielen ab.

→ Ab April sät man in Töpfe von mindestens 15 cm Größe. Die Sorte 'Bright Lights' am besten in eine Saatschale säen: Die Sämlinge zeigen die spätere Farbe schon an, so dass Sie rechtzeitig nach Farben pikieren können. Gießen Sie regelmäßig und düngen Sie alle 14 Tage.

→ Äußere Blätter im Sommer regelmäßig ernten. In milden Lagen ist die Ernte auch im Winter und Frühjahr möglich. Die Blätter können wie Spinat und die Stiele wie Spargel verwendet werden.

Bohnen mit Zierwert

Schon während der Blüte ist die Hyazinthbohne (*Dolichos lablab*) eine reine Zierde. Sie hat wunderbar lilafarbene Blüten und Früchte. Sie kann ab Mitte Mai direkt ausgesät werden. Die jungen Früchte kann man laufend ernten. Stangen-Bohnen (*Phaseolus vulgaris*) überziehen ihre Früchte mit grünen, goldgelben, violetten oder auch gesprenkelten Kleidern.

Erst im reifen Zustand offenbaren viele Bohnenkerne ihren Zierwert. Sie können schwarz wie bei der Busch-Bohne (*Phaseolus vulgaris*) 'Negro' und braun-rot gesprenkelt wie bei der Feuer-Bohne (*Phaseolus coccineus*) sein oder sogar ein richtiges Muster aufweisen. Garten-Bohnen der Sorte 'Yin Yang' haben schwarz-weiße Samen, die in der jeweils anderen Farbe einen Fleck zeigen und wie das Zeichen für Yin und Yang aussehen. Die getrockne-

ten Bohnensamen können dekorativ in Gläser oder Schalen gefüllt oder aufgefädelt werden.

Noch mehr Schönheiten

■ **Amaranth** (*Amaranthus*-Arten) hat schöne überhängende rote oder grüne Blütenstände, die seinem deutschen Namen Fuchsschwanz alle Ehre machen. Im Herbst können die zahlreichen Samen geerntet werden oder als Winterfutter für Vögel auf dem Balkon belassen werden.

■ **Gartenmelde** (*Atriplex hortensis*) überrascht mit roten, grünen und goldgelben Blättern. Gartenmelde wird ab März, Amaranth erst ab Mai ausgesät. Junge Blätter kann man schon nach etwa 4 Wochen ernten und wie Spinat zubereiten.

Küchengärten en miniature

Kreieren Sie Ihren eigenen kleinen Küchengarten auf Balkonien! Mit Hilfe von Erdbeertöpfen oder großen Kästen sparen Sie nicht nur Platz, sondern es sieht auch noch schön aus. Versuchen Sie auch ein paar Sommerblumen in dem bunten Durch- und Miteinander unterzubringen.

Tipps zum stressfreien Miteinander

Damit auch alle Pflanzen gut gedeihen, sollten Sie ein paar Dinge beachten. Gemüsepflanzen brauchen schon für sich allein viel Platz. Möchten Sie verschiedene Gemüse wie Tomaten und Paprika kombinieren, brauchen Sie einen Topf, der wenigstens einen Durchmesser von 40 cm hat. Wollen Sie lieber mit Kästen in die Länge gehen, brauchen Sie einen Kasten, der 30 cm breit und tief ist. Die besten Erfolge erreichen Sie mit Kombinationen von

Eine Aubergine wächst in einträglicher Gemeinschaft mit Petersilie.

einer Gemüsepflanze und Kräutern, da diese sich nicht viel Konkurrenz machen. Da Gemüse aber mehr Nährstoffe braucht als Kräuterpflanzen, geben Sie diese mit Hilfe von Düngestäbchen oder Langzeitdünger am besten direkt an die Gemüsepflanze.

Bedenken Sie, dass kleine Setzlinge später sehr groß werden können. Setzen Sie also nicht zu viele Pflanzen in einen Kasten oder Topf. Stellen Sie dafür lieber einzelne Töpfe nebeneinander. Die können Sie dann auch nach Belieben immer wieder neu kombinieren.

Mini-Arrangements

■ **Salatmix:** Setzen Sie Setzlinge verschiedener Salatsorten zusammen In elne große Schale oder elnen flachen Topf. Das verschiedenartige

Verschiedene Blattsalate und Kräuter in einer Schale.

Laub von Lollo Bionda, Lollo Rossa, Eichblattsalat und Pflücksalat sieht nicht nur im Topf dekorativ aus. Von außen beerntet, haben Sie immer eine schöne Ergänzung zu einem gekauften Kopf- oder Eisbergsalat.

■ **Gemüse im Erdbeertopf**: Die beste Art, es allen recht zu machen! In der großen Öffnung wächst die Gemüsepflanze, in den seitlichen Taschen gedeihen die Kräuter. Bei der Bepflanzung sind Ihrer Phantasie keine Grenzen gesetzt. Nur eines sollten Sie beachten: Der Topf braucht große Abzugslöcher, er sollte mit 5 cm Dränagekies gefüllt und regelmäßig gegossen werden. Für das Düngen empfehlen sich auch hier Düngestäbchen, die direkt zum Gemüse gesteckt werden. Ein kleiner Tipp zum einfachen Bepflanzen: Füllen Sie die Seitentaschen, während sich die Erde auf gleicher Höhe im Topf befindet.

Balkonrezepte zum Vernaschen

→ Für einen Küchengarten im Kasten (mind. 60 cm) brauchen Sie eine Balkontomate, zwei Basilikumpflanzen, einen Rosmarin, einen Thymian und einen Oregano. Pflanzen Sie als Mittelpunkt die Buschtomate. Gruppieren Sie danach das Basilikum und den Rosmarin darum. Setzen Sie Thymian und Oregano an die Ränder. Farbe in den Kasten bringen Studentenblumen, Kapuzinerkresse oder Ringelblumen, die an der breiten Seite ausgesät werden.
→ Für einen essbaren Sichtschutz brauchen Sie für einen 60 cm langen Kasten sechs Samen von Feuer-Bohnen, eine Schnittlauch-, eine Basilikum-, eine Kapuzinerkressenpflanze und drei Bambusstäbe. Die Feuer-Bohnen werden im hinteren Bereich des Kastens zu je zwei Stück an einem Bambusstab ausgesät.

Die Kräuter und die Kapuzinerkresse werden in den vorderen Teil gesetzt.
→ Für einen Naschkasten von 60 cm Länge benötigen Sie zwei Balkontomaten, eine Paprika und drei Monats-Erdbeeren. Setzen Sie die

Gemüsepflanzen in den hinteren Bereich des Kastens und die Monats-Erdbeeren in den vorderen Bereich. In die Lücken können Sie entweder Pflücksalat, Ringelblumen, Studentenblumen oder Basilikum säen.

Tomaten, Petersilie und Salbei teilen sich einen Topf.

Gemüse auf Balkonien

Für einen guten Start unerlässlich: Schalen, Töpfe und Qualitätssaatgut.

Die Auswahl an balkontauglichem Gemüse ist erstaunlich groß, doch sind dem Balkongärtner auch hier Grenzen gesetzt. Gemüsearten mit langen Wurzeln wie Meerrettich und Löwenzahn sind nur in sehr tiefen Töpfen kultivierbar. Beachten Sie bei Ihrer Auswahl folgendes:

→ Wärmeliebende Gemüsearten wie Auberginen und Paprika sind nichts für schattige Nordbalkone. Dafür lassen sich hier gut Kartoffeln, Erbsen und Kohl ziehen.

→ Balkone haben nur eine begrenzte Tragekapazität von etwa 250 kg/m². Bei mehreren großen Kübelpflanzen kommt schnell ein stattliches Gewicht zusammen, wenn man Topfmaterial, Erde, Dränage und Gießwasser zusammenzählt. Leichter wird's mit Töpfen und Kästen aus Kunststoff und Blähton für die Dränageschicht.

Für einen guten Start

→ Damit wärmebedürftige Gemüsearten wie Tomaten und Paprika im Mai richtig loslegen können, werden sie ab März auf der Fensterbank ausgesät. Besonders gut geeignet dafür sind Torftöpfchen, die mit Aussaaterde gefüllt werden. Das erleichtert im Mai das Umtopfen in größere Kübel. In einem Mini-Gewächshaus können die frisch aufgelaufenen Pflänzchen vor Kälte und Austrocknen geschützt werden. Neben den einfachen Zimmergewächshäusern gibt es auch solche, die von unten beheizt werden können.

→ Achten Sie darauf, dass die Erde immer gut feucht, aber nicht nass ist. Düngen Sie ab dem Vier-Blatt-Stadium mit einer leichten Düngerlösung (etwa die halbe Dosierung). Ab Mai können die vorgezogenen Pflänzchen abgehärtet werden. Dazu werden sie an einem bedeckten Tag für einige Stunden ins Freie gestellt. Ab Mitte Mai können sie dann dauerhaft auf den Balkon umziehen.

→ Salat, Radieschen und Mangold können Sie direkt auf dem Balkon in die vorgesehenen Töpfe säen. Den Pflänzchen macht es nichts aus, wenn sie schon im März oder April ins Freie kommen. Andere Gemüsearten wie Gurke, Bohne und Zucchini werden ab Mitte Mai ausgesät. Eine Vorkultur ist hier nicht nötig, da die Pflanzen sehr schnell wachsen. Achten Sie aber auch hier darauf, dass die Erde nicht austrocknet.

Um sich das Prozedere mit der Aussaat zu sparen, können Sie im Frühjahr in Gärtnereien und Gartencentern Gemüsejungpflanzen kaufen. Salat und Kohlpflanzen sind schon früh im Jahr erhältlich, kälteempfindliche Arten wie Tomaten, Auberginen und Gurken erst ab Mai. Die Setzlinge sollten kräftig und gesund aussehen und der Topfballen gut durchfeuchtet sein. Welke Jungpflanzen erholen sich selten vollständig.

Samen-ABC

Saatgut, das in einer Keimschutzpackung verkauft wird, hat bis zum angegebenen Datum eine garantierte Keimrate von 75–90 %. Sonst gilt: Solange die Samen duften, sind sie keimfähig. Neben dem einfachen Samentütchen gibt es Saatgut in den verschiedensten Darreichungsformen, die die Aussaat erleichtern sollen.

■ **Saatscheiben und -bänder:** Die Samen liegen schon im richtigen Abstand zwischen zwei Vliesbahnen. Die Bänder oder Scheiben müssen nur noch in angefeuchtete Erde gelegt, mit Erde abgedeckt und gegossen werden.

■ **Pilliertes Saatgut:** Besonders bei feinem Saatgut wie Möhrensamen wird das Samenkorn durch eine Umhüllung um ein Mehrfaches vergrößert. So kann es gleichmäßiger ausgebracht werden. Nach der Aussaat darf die Erde nicht austrocknen, da sich sonst die Umhüllung nicht auflöst und das Saatgut nicht keimen kann.

Kleines Gemüse

Es gibt einige Gemüsesorten, die so klein sind, dass sie problemlos auf dem kleinsten Balkon angebaut werden können. Das sogenannte Mini-Gemüse finden Sie in Samenhandlungen und Saatgutkatalogen. Mini-Gemüse ist sowohl im Wuchs als auch in der Fruchtgröße kleiner als herkömmliche Sorten. So sind sie gut für einen Küchengarten im Topfformat geeignet.

• **Mini-Auberginen** der Sorten 'Baby Rosanna' und 'Ophelia' haben nur golfballgroße Früchte. Tomaten der Sorten 'Gartenperle' oder 'Tumbling Tom' sind besonders gut für die Kultur in Töpfen geeignet. Kleine Paprikaschoten liefern die Sorten 'Medusa', 'Naschzipfel' und 'Sweet Bite-Ophelia'.

• **Ausgefalleneres Balkongemüse** gibt es ebenfalls als Zwergformen: Grünkohl 'Dwarf Green Curled', Blumenkohl 'Avalanche', Möhren 'Mini Finger' und Zuckermais 'Minor'.

■ **F1-Hybriden** sind das Produkt einer Kreuzung zweier Elternlinien. Sie müssen jedes Jahr neu gekauft werden, da gewonnene Samen nicht der Hybride entsprechen und schlechter sein können. Da das Saatgut jedes Mal neu durch die Kreuzung gewonnen werden muss, ist es teurer als herkömmliches Saatgut.

Der richtige Topf

Gemüsepflanzen benötigen viel Wurzelraum zum Gedeihen. Für große Gemüsepflanzen wie Tomaten, Gurken & Co. sollten Topfdurchmesser und Topfhöhe wenigstens 25 cm betragen. Salatpflanzen fühlen sich auch in kleineren Töpfen mit etwa 15 cm Durchmesser wohl. Beim Eintopfen der Jungpflanzen oder beim Vorbereiten der Töpfe für die Direktsaat sind einige Dinge zu beachten:

→ Das Pflanzgefäß sollte Abzugslöcher am Boden haben. Ist das nicht der Fall, können in Plastiktöpfe mit einem Bohrer schnell selbst Löcher gebohrt werden. In Tongefäßen ohne Abzugslöcher sollten Sie eine Dränageschicht von etwa 5 cm einbringen. Gefäße aus Metall oder Holz werden mit Teichfolie ausgekleidet und anschließend mit einer Dränageschicht ausgelegt. Die Dränage kann aus Tonscherben oder grobem Blähton bestehen.

→ Bei einjährigen Kulturen reicht es aus, wenn die Abzugslöcher mit Tonscherben abgedeckt werden. So können die Löcher nicht verstopfen. Bei mehrjäh-rigen Kulturen wie Artischocken sollte die Dränage 5 cm hoch sein.

Pflege-1 x 1

Bei Gemüsepflanzen steht die Wasserversorgung im Vordergrund. Große Gemüsearten wie Gurken brauchen besonders während der Fruchtreife viel Wasser. Unsere meisten Gemüse sind einjährig, das heißt, dass sie am Ende der Saison geerntet werden. Damit sie erntereif werden können, brauchen sie viele Nährstoffe, die in Form von Langzeit- und Flüssigdünger zugeführt werden. Ab August wird Fruchtgemüse nicht mehr gedüngt, damit die letzten Früchte ausreifen können.

■ **Organische Langzeitdünger** wie Guano und Hornspäne werden vor dem Topfen unter die Erde gemischt.

■ **Universaldünger** versorgen Frucht- und Blattgemüse gleichermaßen. Spezialdünger für Tomaten kann man auch anderen Fruchtgemüsen wie Gurken und Auberginen verabreichen.

Blütenendfäule

Auf Unterseite der Tomatenfrüchte, dort wo sich der Blütenansatz befindet, entsteht zunächst ein eingefallener, wässriger Fleck. Dieser wird erst braun und ledrig – wie hier bei der Sorte 'Grünes Zebra' – und kann sich später über die gesamte Frucht ausbreiten. Die Ursache liegt meistens darin, dass unregelmäßig gegossen wurde oder die Pflanze unter Kalziummangel leidet. Auch frühreifende Tomaten und Fleischtomaten, die im Gegensatz zu spätreifenden Sorten sehr schnell wachsen, leiden oft unter der Blütenendfäule. Bevor die Pflanze ihre ganze Kraft in die Ausbildung der verformten Früchte steckt, entfernen Sie diese besser. Streuen Sie ein paar zerbröselte Eierschalen auf die Erde. Mit etwas Glück blühen frühe Tomatensorten noch einmal und die Früchte können im Herbst geerntet werden.

■ **Algendünger** – jedes Mal ins Gießwasser gegeben – macht weiteren Dünger überflüssig. Algendünger stärken die Widerstandskraft.

Für Gemüsekulturen reicht eine normale Balkonblumenerde völlig aus. Einige Geschäfte bieten auch Erden für Gemüse an. Der Dünger in der Erde reicht etwa sechs Wochen. Die Erde sollte nicht zu fein sein, da sie sonst verschlämmt. Grobfaserige Erde ist die bessere Wahl. Nehmen Sie nicht das preisgünstigste Produkt. Ihre Pflanzen werden es Ihnen danken!

Ernten Sie Ihre Schätze vorsichtig: Mit einer Schere oder einem scharfen Messer werden Pflanzen und Früchte nicht verletzt.

Unerwünschte Gäste

Nicht nur wir mögen Gemüse auf dem Balkon! Mit Beginn der Balkonsaison werden sich auch die ersten Schädlinge einfinden. Aber Sie können aufatmen: Auf dem Balkon treten selten Spezialschädlinge auf, sondern eher „Allerweltsschädlinge" wie Blattläuse, Spinnmilben und Mehltau.

■ **Spinnmilben-Befall** äußert sich zunächst als feine, gelbe Sprenkel auf dem Blatt. Kurz darauf wird das Blatt welk. Auf der Blattunterseite sind die kleinen roten und weißen Milben zu erkennen. Bei einem starken Befall werden Blätter und Triebe von einem Netz eingehüllt, in dem die kleinen Tiere geschützt sind. Besonders bei heißem, trockenem Wetter ist mit einem Befall von Spinnmilben zu rechnen. Vorbeugend kann man mit einer Blumenspritze Wasser versprühen.

■ **Blattläuse** sind häufig auf Salat, Kohl und Bohnen zu finden. Setzen Sie stark duftende Kräuter in die Nähe. Bei Bohnen hat sich die Nähe von Bohnenkraut bewährt.

■ **Echter Mehltau** kommt häufig an Gurken, Zucchini, Kürbis und Erbsen vor. Die Blätter und Triebe sind anfangs auf der Oberseite von kleinen, weißen,

Seitentriebe an Stabtomaten werden entfernt.

„mehligen" Flecken bedeckt, die sich schnell ausbreiten. Achten Sie beim Kauf auf mehltautolerante bzw. -resistente Sorten. Vorbeugend können Sie Tee aus Acker-Schachtelhalm (Zinnkraut) auf die Pflanzen sprühen. Befallene Pflanzenteile sollten unbedingt entfernt werden. Echter Mehltau tritt besonders in feuchten Jahren auf.

■ **Minierfliegen** legen ihre Eier häufig an Salat- oder Mangoldblätter. Die Fraßgänge der Larven schlängeln sich minenförmig durch das Blatt. Entfernen Sie stark befallene Blätter!

Wasser marsch!

Wasser ist das A und O bei der Balkonbepflanzung. Anders als Gartenpflanzen sind Topfpflanzen auf Wasser aus der Gießkanne oder einer Bewässerungseinrichtung angewiesen, damit sie gut gedeihen.

Goldene Gießregeln

Im Garten können sich die Pflanzen an trockenen Tagen mit ihren Wurzeln das Wasser sogar aus großen Tiefen holen. In Töpfen ist das Speichervolumen der Erde begrenzt. Achten Sie daher besonders im Sommer an heißen, trockenen Tagen darauf, dass Ihre Pflanzen nicht verdursten. Kleine, frisch gesetzte Pflänzchen brauchen zunächst weniger Wasser als ausgewachsene Pflanzen. Passen Sie also die Gießmengen individuell an.

Kaffeesatz als Wasserspeicher

Kaffeesatz ist ein hervorragender Langzeitdünger und ein ausgezeichneter Wasserspeicher. Geben Sie etwa 1 bis 2 Handvoll Kaffeesatz auf einen großen Topf Erde und mischen Sie ihn gut unter. Fangen Sie im zeitigen Frühjahr an, den trockenen Kaffeesatz in einem Eimer zu sammeln. Wenn gesammelter Kaffeesatz zu schimmeln beginnt, zeigt das an, dass der Rotteprozess läuft und ein guter Dünger entsteht.

→ Gießen Sie am besten morgens, bevor die Sonne auf die Pflanzen scheint. An heißen Tagen noch mal am späten Nachmittag oder frühen Abend gießen. Gießen Sie nicht bei praller Sonne, denn das Wasser ist dann schneller verdunstet, als es die Pflanzen aufnehmen können.
→ Gießen Sie bis zum Gießrand, denn einmal kräftig und durchdringend gießen ist besser als mehrmals wenig. Vermeiden Sie es, über die Blätter der Pflanzen zu gießen. Das fördert Pilzbefall. Stehendes Wasser sollte nach spätestens 30 Minuten aus Untersetzern und Übertöpfen entfernt werden.

→ Machen Sie vor dem Gießen die Fingerprobe! Legen Sie Ihre Fingerkuppen leicht auf die Erdoberfläche. Bleiben Erdteilchen haften, braucht noch nicht gegossen werden.
→ Empfindliche Kübelpflanzen wie Zitrusgewächse mit angewärmtem Wasser gießen. Dafür reicht es, die Wasserkanne zuvor in die Sonne zu stellen.

Kleine Helfer

Nicht immer kann man sofort zur Stelle sein, wenn die Pflanze Wasser braucht. Aber zum Glück gibt es ja kleine Helfer! Die „Schluckspechte" unter den Pflanzen werden so für mindestens ein Wochenende mit Wasser versorgt.

■ **Bewässerungskugeln** sind nicht nur praktisch, sondern auch schön anzusehen. Sie haben ein Fassungsvermögen bis zu einem ½ l Wasser. Die bunten

Bewässerungskugeln aus Glas bieten ein Wasserreservoir und etwas fürs Auge.

Glaskugeln sitzen auf einem Tonkegel, der in der Erde steckt. Feuchtigkeit wird an die Erde abgegeben, sobald diese trocken wird. Veralgte Kugeln werden mit Zitronensäure wieder sauber.

■ **Der Tropf-Blumat** besteht aus zwei Komponenten: einem Tonkegel, der in die Erde gesteckt wird, und einem Tropfschlauch, der den Tonkegel mit einem höher stehenden Wassertank verbindet. Sobald die Erde austrocknet, wird über den Tonkegel Wasser an die Erde abgegeben. Ähnlich funktioniert die Dochtbewässerung, bei der Dochte in die Erde gesteckt werden. Die Größe des Tanks bestimmt die Dauer der Bewässerung.

■ **Mit Wasser gefüllte Flaschen** werden mit der Öffnung nach unten in die Erde gesteckt. Das Wasser läuft langsam aus der Flasche heraus und befeuchtet die Erde. Im Fachhandel gibt es auch Kegel, die auf die Flaschen aufgeschraubt werden und die Durchflussgeschwindigkeit verringern. Probieren Sie diese Technik aber unbedingt aus, damit das Wasser nicht schon nach einer Stunde ausgelaufen ist!

Urlaubsvertretung

Gießen ist kein Problem, solange man zu Hause ist. Doch was ist, wenn Sie ein paar Tage verreisen wollen? Dann sollten Sie schon vor dem Bepflanzen an eine Gießvertretung denken. In Gartencentern gibt es geeignete Hilfen für jeden Geldbeutel oder fragen Sie einfach Ihren Nachbarn.

■ **Wasserspeichermatten** aus Vlies werden in den Balkonkasten gelegt. Vor dem Pflanzen werden die Matten gut gewässert. Die Matten saugen das Wasser regelrecht auf und geben es langsam wieder an die Erde ab.

■ **Wasserspeicherkästen:** Wie bei einem großen Hydrotopf befindet sich unter dem Balkonkasten ein Raum, in dem Wasser gesammelt wird. Über einen Einfüllstutzen gießt man das Wasser ein, bis die Wasserstandsanzeige einen optimalen Wasserstand

Tonkegel sind nicht nur praktisch, sondern auch sehr dekorativ.

anzeigt. Dochte ziehen das Wasser in die trockene Erde. Die Kästen müssen absolut waagerecht hängen bzw. stehen. Achten Sie bei starken Regenfällen darauf, dass die Kästen nicht überlaufen.

■ **Eine vollautomatische Bewässerungsanlage** lohnt sich, sobald der Balkon längere Zeit sich selbst überlassen bleibt. Sie benötigt jedoch einen Wasseranschluss auf dem Balkon.

Kräuterlust

Mit Kräutern fängt der Spaß am Balkongärtnern an! Lassen Sie sich überraschen, wie vielfältig der Kräutergarten auch bei wenig Platz gestaltet werden kann. Neben Basilikum und Schnittlauch wachsen einträchtig Zitronengras und Chilis in Töpfen. Und wann immer Ihnen danach ist, mixen Sie sich eine leckere grüne Kräutersoße oder kochen Sie sich einen Kräutersirup, um den Sie jeder beneiden wird.

Die klassischen Drei

Petersilie, Schnittlauch und Bohnenkraut gehören zur Grundausstattung jeder Kräuterküche. Petersilie und Bohnenkraut verleihen vielen Gerichten ein würziges Aroma. In der gesunden Küche sind frische Schnittlauchröllchen das Nonplusultra jeder warmen oder kalten Speise, sei es Frühlingsquark, eine herzhafte Suppen oder ein leckeres Gemüsegericht.

Der Star: Schnittlauch

Schnittlauch (*Allium schoenoprasum*) lässt sich einfach in Töpfen heranziehen. Ab März kann man mit der Aussaat beginnen. Die Pflanzen sind winterhart und treiben im Frühjahr wieder aus. Probieren Sie auch mal den Chinesischen Schnittlauch (*Allium tuberosum*). Seine Blätter sind flach und viel geschmacksintensiver. Oft wird er auch Schnittknoblauch oder Knolauch genannt. Die Knolauchblätter werden meist mitgegart.

→ Geben Sie getrockneten Kaffeesatz als Dünger in die Erde. Der Schnittlauch wird es Ihnen mit einer reichen Ernte danken und darüber hinaus werden auch lästige Schädlinge ferngehalten.

→ Ernten Sie nie mehr als zwei Drittel eines Topfes, so kann der Lauch immer wieder nachwachsen. Die rosafarbenen Schnittlauchblüten sind essbar und eine originelle Dekoration auf dem Teller.

→ Ist der Schnittlauch für den Topf zu groß geworden, kann der Wurzelballen mit einem scharfen Messer geteilt werden.

Schnittlauch schmückt sich mit rosafarbenen Blütenbällen – dazu passt der farbige Blumentopf prima!

Pfeffriges Bohnenkraut

Das Garten-Bohnenkraut (*Satureja hortensis*) duftet nicht nur pfeffrig, es schmeckt sogar leicht nach Pfeffer. Kein Wunder also, dass es auch Pfefferkraut genannt wird. An einem sonnigen Platz überrascht Sie das Bohnenkraut mit einem kräftigen Aroma und vielen rosa Blüten. Neben dem einjährigen Garten-Bohnenkraut gibt es das mehrjährige Winter-Bohnenkraut (*Satureja montana*) und das Zitronen-Bohnenkraut (*Satureja montana* subsp. *citriodora*) mit einem würzigen Zitronenaroma.

→ Garten-Bohnenkraut kann ab Mai direkt im Topf oder Kasten ausgesät werden. Da es ein Lichtkeimer ist, dürfen die Samen nicht mit Erde abgedeckt werden.

→ Junge und blühende Triebe verfeinern neben Bohnengerichten auch eingelegtes Gemüse, Fisch und Fleisch. Frische Blätter können roh oder gegart verwendet werden. Für den Winter können Sie das Bohnenkraut während der Blüte ernten und trocknen.

Allroundtalent: Petersilie

Nicht nur in Deutschland, sondern auch in Frankreich, Italien und einigen nordafrikanischen und asiatischen Ländern wird Petersilie als Hauptwürzkraut verwendet. Sie ist mehr als bloße Dekoration auf dem Teller. Im Frühjahr können Sie Petersilie (*Petroselinum crispum*) als Jungpflanzen in der Gärtnerei erwerben und in einen Kasten setzen. Dieses Kraut ist sehr schwierig auszusäen. Wollen Sie es dennoch mit einer Sorte (z.B. 'Gigante D'Italia') versuchen, weichen Sie die Samen am besten über Nacht in Wasser ein. Haben Sie Geduld, denn Petersilie braucht etwas Zeit, bis sie keimt.

→ Die Blätter werden nach Bedarf geerntet. Schneiden Sie nur die äußeren Blätter und schonen Sie die Herzblätter. So können Sie den ganzen Sommer über ernten. Verwenden Sie die Petersilie frisch in Soßen und Salaten. Besonders gut schmeckt sie in selbstgemachtem Kräuterquark oder in Kräuterbutter.

→ Krause Sorten wie 'Mooskrause' sind nicht so aromatisch wie die glatten Sorten. Es gibt jedoch auch schmackhafte krause Sorten wie 'Forest Green'.

Leckere Kräuterrezepte

Kräuterquark aus dem Supermarkt ist langweilig? Dann machen Sie doch Ihren eigenen Kräuterquark! Mit Schnittlauch und Petersilie wird aus jedem Quark ein Leibgericht. Verwenden Sie auch Balkonkräuter wie Minze, Kerbel und Kresse für den Quark!

■ **Kräuterquark**: 250 g Sahne- oder Magerquark werden mit etwa 50 g fein gehackten Kräutern vermischt. Zum Verfeinern können Sie eine fein

Petersilie ist die Alleskönnerin unter den Küchenkräutern.

geschnittene Zwiebel und 2 EL saure Sahne oder Crème fraîche hinzugeben. Mit Salz und Pfeffer abschmecken.

■ **Radieschenquark**: Eine besonders feine Variante des Kräuterquarks besteht aus 250 g Quark, 1 Bund Radieschen, wahlweise vom Balkon oder vom Markt, und Schnittlauch.

■ **Kräuterbutter**: 125 g weiche Butter werden mit 2 EL fein gehackten Kräutern, 1 TL Zitronensaft und einer Prise Salz verrührt. Die Kräuterbutter wird in einem Töpfchen in den Kühlschrank gestellt. So ist sie etwa eine Woche lang haltbar.

Bärlauch

Bärlauch hat einen angenehmen Geschmack nach Knoblauch. Er gehört zu den ersten Kräutern im Jahr. Wenn Sie einen schattigen Nordbalkon haben, gehören Sie zu den Glücklichen, die Bärlauch ziehen können. Bärlauch ist ein Kaltkeimer und wird im Herbst gesät. Im März treibt der Bärlauch aus, und kurz darauf sollten Sie ihn auch schon ernten, bevor er zu blühen beginnt.

Grüne Soßen

Kerbel, Borretsch, Sauer-Ampfer, Schnittlauch, Petersilie und Pimpinelle gehören in die Frankfurter Grüne Soße.

Grüne Speisen werden traditionell am Ende der Fastenzeit, dem Gründonnerstag, verzehrt. Diese Tradition geht wahrscheinlich auf alte Frühlings- und Fruchtbarkeitsriten zurück. Schon vor 2000 Jahren schätzten die Römer grün gefärbte Gerichte. Der deutsche Klassiker ist die Frankfurter Grüne Soße. Nicht nur hierzulande schätzt man die kräftige Farbe grüner Soßen. Auch in anderen Ländern kennt man grüne Soßen. Dort heißen sie Pesto, Salsa und Mojo. Lassen Sie sich überraschen, wie einfach es ist, verschiedene leckere grüne Soßen zuzubereiten!

Frankfurter Grüne Soße

Die ersten schriftlichen Aufzeichnungen zur Frankfurter Grünen Soße stammen aus dem Jahr 1860. Ob Goethe gern die Grüne Soße aß, ist daher eher ungewiss. Die Ursprünge der Grünen Soße liegen wahrscheinlich in Frankreich, von wo aus sie mit den Hugenotten Ende des 17. Jh. nach Hessen kam. Natürlich gibt es nicht nur ein Rezept für diese berühmte Soße. Wie die italienischen Mamas in Italien für ihren Tomatensugo haben auch die Frankfurter Familienrezepte für die „Grie Soß", wie sie in Frankfurt am Main genannt wird. Die Kräuter sind fast immer die gleichen, doch auch hier kann es saisonbedingt Abweichungen geben. Für sechs Personen brauchen Sie je eine Handvoll Sauer-Ampfer, Schnittlauch, Kerbel, Borretsch, Brunnenkresse, Pimpinelle und Petersilie. Waschen Sie die Kräuter und hacken Sie sie sehr fein. Schälen Sie zwei Schalotten und schneiden Sie sie in kleine Würfel. Kräuter und Schalottenwürfel werden in eine Schüssel gegeben und mit 3 EL Essig übergossen. Lassen Sie alles eine halbe Stunde zugedeckt stehen. Vier hartgekochte Eier pellen und fein hacken. 250 g Sahne mit den klein gehackten Eiern, Salz, Pfeffer und 1 EL scharfem Senf verrühren und unter ständigem Weiterrühren nach und nach 4 EL Öl hinzufügen. Zum Schluss die Sahnesoße gründlich mit den in Essig eingelegten Kräutern vermischen und noch einmal eine halbe Stunde zugedeckt in den Kühlschrank stellen. Rühren Sie die Soße vor dem Servieren noch einmal gründlich durch. Kalorienbewusste können auch einen Teil der Sahne durch Joghurt ersetzen. Die Soße passt zu gekochtem Rindfleisch, gepökelter Ochsenbrust, gedünstetem Fisch oder einfach nur zu Salzkartoffeln.

Die sieben Kräuter für die Frankfurter Grüne Soße, die im Frankfurter Stadtteil Frankfurt-Oberrad in Kräuterbündeln angeboten werden, stammen auch aus der Region.

■ Auch in Kassel wird aus sieben Kräutern eine Grüne Soße gerührt. Zu den Kräutern gehören Borretsch, Sauer-Ampfer, Pimpinelle, Schnittlauch und Petersilie – wie bei der Frankfurter Grünen Soße – sowie Dill und Zitronen-Melisse. Die Kräuter werden fein gehackt und mit hartgekochten Eiern, Essig und Öl unter eine Mischung aus Schmand und Saurer Sahne gemischt. Die Kasseler Grüne Soße schmeckt besonders gut zu Kartoffelgerichten.

Sieben Kräuter müssen es sein

Will man außerhalb von Frankfurt oder Kassel Grüne Soße zubereiten, muss man sich schon Einiges einfallen lassen. Petersilie, Schnittlauch und Kerbel gibt es in vielen Regionen auf den Wochenmärkten zu kaufen. Doch meist muss man auf die typischen Kräuter wie Sauer-Ampfer, Pimpinelle und Brunnenkresse verzichten. Die beste Alternative zu langem Suchen ist der eigene Anbau. Einzelsaatgut und fertige Saatgutmischungen gibt es zu kaufen. Die meisten Kräuter können schnell geerntet werden und nach Bedarf wieder vom Balkon verschwinden, etwa Kerbel und Borretsch. Schnittlauch und Petersilie verdingen sich als Würzhelfer in anderen Gerichten.

Pesto Genovese

Für ein echtes Pesto Genovese brauchen Sie einen Mörser. In den kommen dann 50 g Basilikumblätter, zwei geschälte Knoblauchzehen, 2 EL Pinienkerne, Pfeffer und Salz. Zerdrücken Sie alles gut mit dem Mörser und geben Sie dann nach und nach 100 ml Olivenöl dazu. Am Ende kommt noch 50 g geriebener Parmesan in das Pesto. Sie können natürlich auch alles in einen elektrischen Mixer geben. Das Pesto passt gut zu Nudelgerichten, aber auch zu Suppen, Fleisch und Fisch. Ein cremigeres Pesto schmeckt prima mit frischem Brot. Pestos können Sie auch aus anderen Kräutern wie Petersilie, Koriander und Minze machen.

Piemonteser Grüne Soße

Die Piemonteser Soße wird auch als Bagnèt Vert oder Bagnetto Verde bezeichnet. Sie passt besonders gut zu Bollito Misto, Fleisch, Fisch und Stockfisch. Hierfür werden zunächst 150 g Weißbrotkrumen mit einem Schuss Weißweinessig angefeuchtet. Anschließend werden zwei Bunde glatte Petersilie, vier Knoblauchzehen, vier hartgekochte Eier, vier Sardellenfilets, 2 EL eingelegter Thunfisch, 2 EL Kapern mit 200 ml Olivenöl püriert. Die Piemonteser Grüne Soße ist eine Abwandlung der piemontesischen Bagna Cauda, die nur aus Olivenöl, Knoblauch und Sardellen besteht.

Salsa Verde alla Genovese

Die italienische Salsa Verde ist flüssiger als ein Pesto. Je nach Region ändern sich die Zutaten. In eine Salsa Verde alla Genovese kommen neben einem Bund Basilikum 2 Bund glatte Petersilie, vier Knoblauchzehen, fünf Sardellenfilets, 50 g Pinienkerne und 2 EL Kapern. Alle Zutaten werden mit etwas Salz und Pfeffer und 200 ml Olivenöl im Mixer püriert. Je nach gewünschter Konsistenz werden noch einmal bis zu 200 ml Olivenöl zugegeben. Die Salsa Verde passt zu allen Fleischgerichten.

Mojo Verde

Die traditionelle Grüne Soße auf den Kanarischen Inseln, die zu fast allem gut schmeckt, ist der Mojo Verde. Das Besondere an dieser Soße ist der viele Knoblauch, der in ihr steckt. Sie brauchen fünf Knoblauchzehen, Meersalz, je einen Bund Petersilie und Koriander, fünf grüne Paprika, eine grüne Peperoni, 1 TL gemahlenen Kreuzkümmel, 1 TL gemahlenen Pfeffer, 200 ml Olivenöl und 150 ml Weinessig. Das alles geben Sie in einen Mixer, bis Sie eine Soßenkonsistenz haben.

■ **Für die rote Variante**, einen Mojo Rojo, nehmen Sie rote Paprikaschoten, rote Chili und getrocknete Tomaten. Beide Soßen passen zu Fisch, Fleisch und Gemüsegerichten.

Mexikanische Salsa Verde

Die Salsa Verde gehört in der mexikanischen Küche ebenso auf den Tisch wie Salz und Pfeffer. Ein wichtiger Bestandteil sind die Tomatillos. Das sind tomatenähnliche, grüne Früchte, die wie große Kapstachelbeeren aussehen. Obwohl sie mit den Tomaten verwandt sind, können sie auf gar keinen Fall durch grüne Tomaten ersetzt werden. Tomatillos kann man hierzulande in Konservendosen kaufen oder auf dem Balkon selbst ernten (siehe Seite 60). Für eine echte Salsa Verde brauchen Sie 300 g Tomatillos, zwei bis vier scharfe, grüne Chilis und 1 EL frisch gehackten Koriander. Nach Belieben können noch eine kleine weiße Zwiebel und zwei bis vier Knoblauchzehen hinzugefügt werden. Alles im Mixer fein pürieren. Die Salsa Verde eignet sich gut, um schwere Speisen zu würzen oder als Dip zu Mais-Chips.

Grüne Thai-Soße

Für die thailändische Variante der Grünen Soße benötigen Sie je einen Bund mentholarme Minze (siehe Tabelle Seite 68), Koriander und Thai-Basilikum. Hinzu kommen je 1 EL fein gehacktes Zitronengras, grüne Thai-Chilis und abgeriebene Limonenschale. Alles wird mit fünf Knoblauchzehen, 3 EL Limonensaft, 1 EL Thai-Fischsoße und 200 ml Erdnussöl püriert. Für noch mehr thailändisches Aroma können Sie noch ein paar Curryblätter und Kaffirlimettenblätter hinzufügen. Anstelle des Korianders kann auch Petersilie verwendet werden. Diese würzige Soße passt gut zu Fisch, Meeresfrüchten, Fleisch- und Huhngerichten.

Pimpinelle (*Sanguisorba minor*)

Die grob gesägten Blättchen der Pimpinelle oder Pimpernelle haben einen nussähnlichen Geschmack und duften nach frischen Gurken. Die rötlichen Blüten stehen in kompakten Köpfchen. Man nennt sie daher auch Kleiner Wiesenknopf.
Standort: Pimpinelle verträgt sowohl volle Sonne als auch Halbschatten.
Kultur: Ab April können die Samen direkt in Töpfe oder Kästen gesät werden. Die mehrjährige Pflanze sollte regelmäßig geschnitten werden. Sie kann mit Winterschutz überwintern.
Ernte: Junge Triebe und Blätter erntet man am besten im Frühjahr.
Verwendung: Pimpinelle kann sowohl frisch als auch tiefgefroren verwendet werden. Sie passt gut zu Gemüse, Fisch und Fleisch, sollte aber nicht mitgekocht werden. Beim Garen verliert das feine Kraut sein Aroma.

Sauer-Ampfer (*Rumex acetosa* var. *hortensis*)

Sauer-Ampfer schmeckt in gemischten Blattsalaten oder als Küchenkraut in der Grünen Soße.
Standort: Die Pflanzen vertragen Halbschatten.
Kultur: Sauer-Ampfer kaufen Sie in gut geführten Gartencentern als Jungpflanzen oder säen ihn ab April selbst aus. Dabei werden die Samen nur leicht abgedeckt. Die Töpfe sollten immer feucht gehalten werden. Die Pflanzen sollten gelegentlich gedüngt und alle drei bis fünf Jahre umgetopft werden.
Ernte: Im Frühjahr können Sie die ersten Blätter ernten, wenn der Ampfer 5–8 Blätter hat. Während der Blüte schmecken die Blätter bitter.
Verwendung: Die Blätter können Sie roh in Salaten oder wie Spinat gegart verwenden. Wegen der enthaltenen Oxalsäure sollte Sauer-Ampfer nicht über einen längeren Zeitraum verzehrt werden!

Brunnenkresse (*Nasturtium officinale*)

Brunnen- oder Bachkresse findet man in der Natur an Bächen mit klarem, sauerstoffreichem Wasser.
Standort: Brunnenkresse verträgt Halbschatten und Schatten.
Kultur: Die Samen werden in eine Schale mit Wasser gesät. Innerhalb von einer Woche keimen die Samen. Die Schale darf nicht austrocknen. Die Brunnenkresse muss nicht gedüngt werden, tauschen Sie aber regelmäßig das Wasser aus. Sie können die jungen Pflanzen auch in eine Topf mit feuchtem Sand und etwas Erde setzen. Der Topf wird dann in eine Schale mit Wasser gestellt.
Ernte: Ernten Sie während der blütenlosen Zeit von Frühjahr bis Herbst regelmäßig die etwa 10 cm langen Triebe.
Verwendung: Die großen Blätter sind am würzigsten. Entfernen Sie vor dem Verwenden nur die dicken, hohlen Stängel.

Kerbel (*Anthriscus cerefolium*)

Die feinen, weichen, gefiederten Blättchen des Kerbels erinnern im Geschmack an Anis und Petersilie.
Standort: Kerbel verträgt Halbschatten, jedoch keine heiße Witterung.
Kultur: Die Aussaat erfolgt ab Ende März. Bis August sind Folgesaaten alle drei bis vier Wochen möglich. Die Samen werden nur leicht angedrückt. Kerbel gedeiht auch gut in Zimmerkultur.
Ernte: Die feinen Blättchen werden geerntet, bevor sich die Blüten zeigen. Tipp: Die noch geschlossenen Blütendolden schmecken noch aromatischer als das Kraut.
Verwendung: Frisch schmeckt er am besten. Kerbel lässt sich zwar einfrieren, verliert beim Trocknen jedoch sein Aroma. Er schmeckt zu Suppen, Quark und Salaten. Kerbel wird immer am Ende der Garzeit zugeben.

Kräuter & Fisch

Kräuter und Fisch sind eine gelungene Kombination. Zu den bekanntesten „Fischbegleitern" zählen Dill und Fenchel. Aber wussten Sie, dass auch Lorbeer und Lavendel den Fischgerichten ein besonderes Aroma verleihen?

Feiner Dill

Dill (*Anethum graveolens*) ist ein sehr unkompliziertes Kraut. Es lässt sich leicht aussäen und kultivieren. Im Laufe des Sommers geben die filigranen Blättchen ihr Aroma. Die Samen werden im Herbst geerntet, wenn sie braun sind. Dill verleiht nicht nur Fischgerichten eine einzigartige Würze, sondern auch Salaten und Soßen. Die Sorte 'Hercules' bildet erst spät die Blütendolden aus, wird dafür aber sehr groß. 'Delikat' ist ein Topfdill, der nur 25 cm hoch wird.

→ Die Aussaat erfolgt ab April direkt in die Töpfe. Das einjährige Kraut wird jedes Jahr neu ausgesät. Samen, die Sie so lange an der Pflanze belassen, bis sie von selbst abfallen, keimen zuverlässig.

→ Die Samenernte gelingt leichter, wenn Sie die reifen Samenstände abschneiden und kopfüber auf ein Tuch gestellt trocknen lassen. So geht keines der feinen Samenkörner verloren.

→ Dillblüten und Dillsamen eignen sich auch besonders gut für sauer eingelegtes Gemüse. Dillblättchen können tiefgefroren oder getrocknet konserviert werden. Dillsamen werden vor allem in der indischen und russischen Küche als Gewürz verwendet. Ein Tee aus zerstoßenen Dillsamen wirkt beruhigend.

Aromatischer Fenchel

Der Gewürzfenchel (*Foeniculum vulgare*) sieht dem Dill sehr ähnlich. Die Stängel scheinen eine Wolke aus Blättchen um sich zu scharen. Blätter und Samen erinnern im Geschmack an Anis. Planen Sie genügend Raum für den Fenchel ein, denn er wird sehr groß und ausladend. Die Fenchelsamen verfeinern nicht nur Fisch, sondern auch Fleisch. Der Gemüsefenchel bildet knol-

Blättchen und Blüten von Dill passen sehr gut zu Fisch.

lenartig verdickte Blattstiele aus. Einen besonderen Zierwert hat der Bronzefenchel 'Atropurpureum' mit seinem bronzefarbenen Laub ist.

→ Die Aussaat erfolgt ab April in große Töpfe. Fenchel ist zwar winterhart, wird aber meist jedes Jahr neu ausgesät.

→ An einem warmen, sonnigen Standort reifen die Samen im Oktober aus. Verfahren Sie hier ähnlich wie bei den Dillsamen. Das Fenchellaub kann den Sommer über fein gehackt in Salaten und Soßen verwendet werden.

→ Ein Tee aus Fenchelsamen wirkt verdauungsfördernd und blähungshemmend.

Kräftiger Lorbeer

Der immergrüne Lorbeer (*Laurus nobilis*) ist bereits seit der Antike ein bekanntes und beliebtes Heil- und Gewürzkraut. In unseren Breiten ist er nicht winterhart und sollte in einem frostfreien, hellen Raum überwintert werden. Er würzt nicht nur Gerichte mit Fisch und Meeresfrüchten, sondern auch Fleisch und Gemüse. Lorbeerblätter werden immer mitgekocht und vor dem Servieren entfernt.

→ Sie können Lorbeer aussäen. Empfehlenswerter ist jedoch der Kauf eines kleinen Lorbeerbäumchens.

→ Lorbeerblätter werden vorsichtig vom Bäumchen abgeschnitten. Man kann sie frisch oder getrocknet verwenden. Am besten ist das Aroma, wenn Sie die frischen Blätter einige Tage antrocknen lassen.

→ Lorbeerbäume lassen sich sehr gut in Form schneiden. Die beste Zeit für den Formschnitt ist im Juni. Beim Formschnitt eines Lorbeerbäumchens fallen erfahrungsgemäß viele Blätter an, die getrocknet werden können.

→ Schildläuse sind häufige Schädlinge an Lorbeerbäumchen. Sie sitzen auf der Blattunterseite oder an den Zweigen unter braunen Schilden. Sie lassen sich gut mit einer Zahnbürste oder einem Lappen abschrubben.

Lavendel & Fisch

Lavendel ist eine beliebte Zutat in südfranzösischen und arabischen Kräutermischungen. Während die Blüten einen blumigen Duft haben, erinnert das harzige Aroma der Blätter an Rosmarin. Geben Sie junge Blätter und Triebspitzen von Lavendel als Würze zu Fisch, Fleisch und Geflügel. Verwenden Sie den Lavendel dabei sparsam, sonst übertönt er alle anderen Aromen.

Fisch mit Aroma

Für einen gedämpften Fisch legen Sie die Kräuter wie Fenchelgrün, Fenchelblüten und Basilikum mit Fenchelsamen, Schalotten und dem Fisch in den Dämpfeinsatz eines Topfes. Das Aroma der Kräuter dringt so beim Garen in den Fisch ein. Gebratener oder gegrillter Fisch schmeckt besonders aromatisch, wenn er zuvor in eine Kräuter-Öl-Marinade eingelegt wurde.

■ **Kräutermarinade:** Vermischen Sie eine fein gehackte Zwiebel, zwei zerdrückte Knoblauchzehen, 4 EL Olivenöl, den Saft von einer Zitrone, 3 EL gehackte Kräuter (z.B. Petersilie, Dill und Fenchel) und etwas Salz miteinander. Übergießen Sie den Fisch mit der Marinade und stellen Sie das Ganze für etwa eine Stunde kalt.

■ **Mediterrane Fischmarinade:** Nehmen Sie Rosmarin, Salbei und Thymian hinzu. Wenn Sie dem ganzen einen orientalischen Touch verleihen wollen, nehmen Sie Petersilie, Koriander und Minze.

■ **Schärfe** bringen fein gehackte Chilischoten und Pfefferkörner.

Fines Herbes

Lieben Sie die französische Küche? Dann dürfen Estragon und Ysop in Ihrem Kräutergarten auf dem Balkon nicht fehlen. Zu den klassischen „Fines Herbes" der französischen Küche gehören neben Schalotten, Zwiebeln und Petersilie auch Kerbel, Estragon und Schnittlauch. Die Kräuter werden zu gleichen Teilen beigegeben.

Filigraner Estragon

Estragon (*Artemisia dracunculus*) ist das Küchenkraut, das wir mit Frankreich verbinden. Dabei stammt es ursprünglich aus Russland. Estragon verfeinert nicht nur Soßen, Suppen und Salate, sondern eignet sich auch besonders gut zum Einlegen von Gurken. Probieren Sie doch mal einen selbstgemachten Estragon essig! Estragonessig wird aus vier Zweigen Estragon und einem ½ l Weinessig hergestellt. Nach acht Tagen können die Zweige entfernt werden. Es wird zwischen dem aromatischen Französischen

Estragon ist ein bekanntes französisches Küchenkraut.

oder Deutschen Estragon und dem Russischen oder Sibirischen Estragon, der weniger Würzkraft besitzt, unterschieden. In der Kultur ist der Französische Estragon etwas empfindlicher.

→ Estragon kann ausgesät werden, einfacher geht es jedoch mit Jungpflanzen.

→ Die Triebspitzen können den Sommer über geerntet werden. Das regt zudem die Verzweigung an. Ein Überschuss an Estragon kann entweder getrocknet oder eingefroren werden.

→ Estragon verträgt sonnige und halbschattige Standorte. Mit Winterschutz kann er auch im Freien überwintert werden.

Bouquet garni

Das Bouquet garni ist ein Kräutersträußchen französischer Art, das überall da Verwendung findet, wo etwas lange sieden oder schmoren soll. Vor dem Servieren wird es entfernt. Das klassische Bouquet garni besteht aus drei Stängeln Petersilie, einem Zweig Thymian und einem Lorbeerblatt. Zu Fischgerichten können Zitronenschale und Estragon das Trio ergänzen und zu Schmorgemüse passt noch Basilikum.

Schmucker Ysop

Ysop (*Hyssopus officinalis*) stammt aus dem Orient
und wurde von Mönchen nach Frankreich gebracht,
die ihn in ihren Klostergärten anbauten. So ist er
auch ein Bestandteil des bekannten Kräuterlikörs
Chartreuse geworden, der in den französischen
Klöstern hergestellt wird. Die leicht bitteren, die
Verdauung anregenden Blätter verfeinern Kartoffel-
gerichte, Salate und Suppen, Fisch, Fleisch und
Geflügel.

→ Ysop kann man als Jungpflanze kaufen. Möchten
Sie Ysop aussäen, empfiehlt sich eine Vorkultur im
Februar auf der Fensterbank.

→ Den Sommer über können Sie junge Triebspitzen
und Blätter ernten. Ysop ist kurz vor der Blüte am
aromatischsten. Er kann frisch oder getrocknet verwendet werden.

→ Ysop verträgt Vollsonne und ist winterhart. Im
Frühling wird die Pflanze um etwa ein bis zwei
Drittel zurückgeschnitten. Im Juli und August blüht
der Ysop in Lavendelblau. Abwechslung bringen die
weißblühende Sorte 'Albus' und die rosablühende
Sorte 'Roseus'.

Französisch kochen

Nicht nur Estragon und Ysop werden in Frankreich
zum Kochen verwendet. Die Küche wäre um einiges
ärmer, gäbe es nicht die mediterranen, südfranzösischen „Herbes de Provence", also Kräuter wie
Basilikum, Salbei, Rosmarin und Thymian. Aber auch
die klassischen Küchenwürzer Petersilie, Schnittlauch und Bohnenkraut kommen immer wieder zum
Einsatz.

Typisch französisch ist dagegen der Lavendel. Denken Sie nur an die riesigen Lavendelfelder in der
Provence. Hier wird der Lavendel nicht nur zur Par-
fümherstellung verwendet, es wird auch mit ihm
gekocht.

■ **Sauce Béarnaise**: Für eine Sauce Béarnaise wird
zunächst eine Sauce Hollandaise hergestellt. Dafür
werden 1 EL Weinessig oder sogar Estragonessig,
2 EL Wasser und Salz in einem dickwandigen Topf
so lange eingekocht, bis etwa 1 EL Flüssigkeit übrig
ist. Fügen Sie unter ständigem Schlagen mit einem
Schneebesen zwei Eigelbe hinzu. Rühren Sie die
Mischung so lange, bis sie hell und dick ist. Achten
Sie darauf, dass die Mischung nicht zu heiß wird,
sonst gerinnen die Eigelbe! Fügen Sie nun stück-
chenweise 200 g kalte Butter hinzu. Schmecken
Sie die Soße mit frisch gehacktem Estragon, Zitronensaft, Salz und Pfeffer ab. Die Sauce Béarnaise
passt hervorragend zu Fisch, Steaks und gekochten
Kartoffeln.

*Ysop blüht blauviolett und rosa – eine Zierde auf
Balkonien!*

Königliches Basilikum

Rotblättriges, grünblättriges und Strauchbasilikum in Topfkultur.

Geduld! Im Hochsommer können Sie das Basilikum gar nicht schnell genug ernten, damit es nicht zu blühen beginnt. Sie erleben dann eine regelrechte Basilikumschwemme, mit der Sie allerlei Rezepte ausprobieren können.

Tipps & Tricks

→ Für die Zimmerkultur können Sie das Basilikum (*Ocimum basilicum*) das ganze Jahr über aussäen. Ab Mai kann dann auch im Freien ausgesät werden. Stellen Sie Basilikum an einen warmen, sonnigen, windgeschützten Platz. Achten Sie aber darauf, dass die Pflanzen nicht der prallen Mittagssonne ausgesetzt sind.

→ Ungeduldige können Kräutertöpfe aus dem Supermarkt kaufen und sofort verbrauchen. Für ein längeres Vergnügen kaufen Sie die Kräutertöpfe lieber im Gartencenter.

→ Ab April können Sie von mehrjährigen Sorten wie 'African Blue' Stecklinge abnehmen.

Der Name Basilikum bedeutet „Königskraut". Im Mittelalter sprach man dem Basilikum jedoch teuflische Kräfte zu. Während der Aussaat musste man kräftig fluchen, damit es ordentlich wuchs. Und jeder, der schon mal versucht hat, Basilikum auszusäen, weiß, dass dieses beliebte Kraut so seine Tücken hat. Die Samen gehen schnell auf, doch danach kann es fast eine halbe Ewigkeit dauern, bis es richtig anfängt zu wachsen. Aber haben Sie

Viel Abwechslung mit Basilienkraut

Die bei uns bekannteste Sorte ist das 'Genoveser Basilikum' oder kurz 'Genovese'. Das großblättrige, italienische Basilikum lädt uns zum Schwärmen ein. Mozzarella Caprese und Pesto Genovese sind für uns Inbegriff der italienischen Lebensart. Doch die Basilikum-Familie ist groß und abwechslungsreich. Sie reicht von groß- und kleinblättrigen Sorten über

rote, grüne und purpurne, glatte und gekrauste Blätter bis hin zu Basilikumsorten mit Zitronen-, Anis- und Zimtduft. Auch die asiatische Küche verwendet Basilikum. Hier werden vor allem das Zitronen- und das Anis-Basilikum verarbeitet.

→ Besonders empfehlenswert für die Topfkultur in der Küche und auf dem Balkon sind die beiden Sorten 'African Blue' und 'African Green'. Sie sind mehrjährig und können zu kleinen Sträuchern gezogen werden, wenn Sie die Triebe regelmäßig zurückschneiden. Sie werden sich wundern, wie ergiebig so eine Pflanze sein kann!

→ Am aromatischsten sind die Basilikumblätter, wenn sie vor der Blüte geerntet werden. Ein regelmäßiges Stutzen fördert auch den buschigen Wuchs.

Verwenden Sie die Blätter unbedingt frisch. Getrocknetes Basilikum verliert schnell sein Aroma. Nur 'African Blue' und 'African Green' eignen sich zum Trocknen. Durch die Verarbeitung zu Pesto, Kräuterbutter oder Basilikumessig lassen sie sich am einfachsten und schmackhaftesten konservieren.

→ Lassen Sie auch einige Triebe zur Blüte kommen. Sie werden von den filigranen weißen und rosafarbenen Blüten überrascht sein, mit denen Sie auch mal ein Gericht garnieren können. Unreife und reife Samen können wie Pfeffer verwendet werden. Sie haben eine unerwartete, aber angenehme Schärfe.

Süßes Basilikum

Haben Sie schon mal ein Dessert mit Basilikum gewürzt? Das sollten Sie unbedingt ausprobieren. Die süße Schärfe passt sehr gut zu Süßspeisen aller Art. Für ein süßes Pesto nehmen Sie statt Olivenöl Zuckersirup und statt Parmesan geriebene Mandeln. Und sollte doch mal mehr Basilikum übrig sein, können Sie auch einen Basilikumsirup ansetzen (Grundrezept siehe S. 88). Der ist auf jeder Cocktailparty ein Hit.

Auf einen Blick Basilikum-Vielfalt

Sortenname	Wuchs	Verwendung
'Genovese'	einjährig, grüne Blätter	Salate, Pesto, Tomaten
'Purple Ruffles'	einjährig, gekrauste, rote Blätter	Salate, Pesto, Tomaten
'Dark Opal'	einjährig, dunkelrote Blätter	Kräutertee, Eistee
'Ararat'	einjährig, purpurne Zeichnung	Salate, Pesto
'Minimum'	mehrjährig, kleine Blätter	vertreibt Mücken
'Cinnamon'	einjährig, grüne Blätter	Süßspeisen, Currys, Wokgerichte
'Citriodorum'	einjährig, grüne Blätter	Süßspeisen, asiatische Gerichte
'Anisatum'	einjährig, dunkle Blätter	Süßspeisen, asiatische Gerichte
Heiliges Basilikum, Tulsi	mehrjährig, grüne Blätter	Süßspeisen, Tee
'African Blue'	mehrjährig, rot-violette Blätter	zum Trocknen geeignet

Bella Italia

Die italienische Küche ist uns in den letzten Jahrzehnten immer vertrauter geworden. Jetzt ist es ganz einfach, die richtigen Zutaten wie in Italien zur Verfügung zu haben. Die sonnenhungrigen Mittelmeerkräuter brauchen ein sonniges Plätzchen auf Balkonien.

➜ Junge Blätter und Triebspitzen können den Sommer über geerntet werden. Zum Trocknen ist der Salbei vor seiner Blütezeit am aromatischsten.

Würziger Salbei

Die graugrünen Blätter von Salbei (*Salvia officinalis*) haben ein harziges, fast fruchtiges Aroma. Für das bekannte italienische Gericht Saltimbocca (bedeutet soviel wie „Spring in den Mund") werden Kalbsschnitzelchen mit Salbeiblättern belegt. Salbei wirkt besonders bei schweren Speisen verdauungsfördernd. An einem vollsonnigen Standort entwickelt er sein typisches Aroma am besten. Von Juni bis August erscheinen die blauen Blüten an den Triebspitzen. In gut sortierten Gärtnereien sind auch bunte Formen vom Salbei zu bekommen. Die Sorte ‘Purpurascens' hat rote Blätter. Die Sorte ‘Icterina' hat grün-weiß gescheckte Blätter. Die Sorte ‘Tricolor' ist weiß, grün und rot. Die Würzkraft ist genauso stark wie beim grünblättrigen Salbei.
➜ Salbei kann im Frühsommer gut über Stecklinge vermehrt werden.
➜ Salbei bekommt man als Topfpflanze. Die mehrjährige Pflanze ist zuverlässig winterhart. Im Frühjahr erfolgt der Rückschnitt.

Rosmarin-Hochstämmchen

Der gerade Mitteltrieb einer jungen Rosmarinpflanze wird an einen Stab geheftet. Die übrigen Triebe entfernt man und kappt den Haupttrieb in Kronenhöhe. Für eine dichte Krone belässt man drei bis fünf gleichmäßig verteilte Neutriebe und entspitzt diese nach dem 5. Blatt. Genauso verfährt man mit den sich jetzt entwickelnden Neutrieben. Austriebe unterhalb der Krone werden entfernt.

Kräftiger Rosmarin

Rosmarin (*Rosmarinus officinalis*) ist ein typisch mediterranes Gewürz. Er verfeinert kräftige Tomatensoßen und gibt Grillfleisch die richtige Würze. An einem sonnigen, geschützten Platz wächst er besonders schön. Durch regelmäßigen Rückschnitt kann die Form kompakt gehalten werden. Rosmarin eignet sich aber auch gut, um Stämmchen zu erziehen. Hängende Formen wie ‘Haiffa' und ‘Capri' sehen in Balkonkästen und Ampeln besonders gut aus. Von März bis Juni erscheinen die blassblauen Blüten. Die Sorte ‘Majorcan Pink' blüht rosa.
➜ Rosmarin kann getrocknet oder als Kräuteröl konserviert werden.
➜ Eine Aussaat ist schwierig, daher ist der Kauf einer Topfpflanze empfehlenswert. Rosmarin ist in unseren Breiten nur bedingt winterhart. Man sollte ihn in einem hellen, frostfreien Raum überwintern.
➜ Rosmarin kann über Stecklinge vermehrt werden.

Vielseitiger Thymian

Thymian (*Thymus vulgaris*) war schon den alten Griechen als Würzkraut wohl bekannt. Das Fleisch wurde über Thymian geräuchert und der Wein mit Thymian aromatisiert. Er entfaltet sein volles Aroma erst beim Kochen. Nehmen Sie jedoch nicht zuviel Thymian, sonst überlagert er alle anderen Aromen. Zitronen-Thymian (*T. × citriodorus*) hat je nach Sorte hellgrüne, gelbgrüne oder silbergrüne Blätter mit Zitronenduft und eignet sich auch gut für Kräutertees. Die Sorte ‘Orange Scented' (*T. fragrantissimus*) hat einen angenehmen Orangenduft.

*Da lacht die Sonne: Mediterranes Kräuter-Vielerlei mit Currykraut, Purpur-Salbei, Majoran,
Thymian und Rosmarin.*

→ Die Aussaat erfolgt ab April. Um schnell zu einer stattlichen Pflanze zu kommen, ist es jedoch besser, eine Topfpflanze zu kaufen. Im Frühsommer können Stecklinge geschnitten werden.

→ Kurz vor der Blüte von Juni bis September ist Thymian am aromatischsten. Dann sollte er auch fürs Trocknen geerntet werden.

Oregano & Majoran

Oregano (*Origanum vulgare*) und Majoran (*Origanum majorana*) sind nahe Verwandte. Oregano ist eine unverzichtbare Würze für die Pizzaiola auf jeder Pizza. Majoran hat dagegen eine feinere Würze, die gut zu Fischgerichten passt.

→ Junge und blühende Triebe haben die höchste Würzkraft. Eine regelmäßige Ernte hält beide Kräuter kompakt.

→ Majoran wird im Frühjahr ausgesät. Er ist nicht winterhart, kann aber auf der Fensterbank überwintert werden.

→ Oregano wird ebenfalls im Frühjahr ausgesät. Es gibt ihn aber auch häufig als Topfpflanze zu kaufen. Mit Winterschutz kann Oregano im Freien überwintert werden. Ideal für die Topfkultur ist der Griechische Oregano (*Origanum vulgare* subsp. *hirtum*).

Blüten zum Vernaschen

Die wichtigsten Lieferanten für essbaren Blütenschmuck sind Kapuzinerkresse, Studentenblumen, Borretsch und Ringelblumen. Sie können in eigene Töpfe oder zusammen mit anderen Nutzpflanzen gesät werden. Im Handel sind Saatgutmischungen dieser Pflanzen mit essbaren Blüten erhältlich. Zusätzlich können alle Kräuterblüten wie etwa von Minzen, Lavendel und Schnittlauch, Kürbis- und Zucchiniblüten, Apfelblüten und Zitronenblüten, Blüten von Duft-Pelargonien und Duft-Veilchen und die gelben Zungenblüten von Sonnenblumen vernascht werden. Vorsicht bei Blüten von Kartoffeln, Paprika, Aubergine und Tomate, diese sind giftig!

Blau-weiß mit Borretsch

Borretsch (*Borago officinalis*) duftet nach Gurken und wird deshalb auch Gurkenkraut genannt. Die Blüten sind noch rosa, wenn sie sich öffnen und

Mit blauen Borretschblüten garnieren Sie Ihren Quark- oder Joghurtdip.

werden erst im Laufe des Tages blau. Seltener sind weiß- oder rosablühende Formen.

→ Ab April aussäen und bei Bedarf bis Juni nachsäen. Borretsch benötigt einen tiefen Topf und eine Stütze.

→ Die Blätter können verwendet werden, solange sie noch samtig weich behaart sind. Später stören die stacheligen Härchen. Geben Sie die Blätter fein gehackt in Salate, über Eierspeisen oder auf das Butter- oder Quarkbrot.

Buntes Blütenmeer mit Kapuzinerkresse

Die großen, trompetenförmigen Blüten der Kapuzinerkresse (*Tropaeolum majus*) erscheinen den ganzen Sommer über und verwandeln den Balkon in ein vielfarbiges Blütenmeer. Blätter, Blüten, Knospen und Samen sind zum Verzehr geeignet. Sie haben einen senfähnlichen Geschmack. Es gibt rankende und nicht rankende Formen. Erstere können an einer Kletterhilfe entlang gerankt werden. Vielfach werden Mischungen mit verschiedenen Blütenfarben angeboten, wobei Rot, Gelb und Orange dominieren. Daneben gibt es aber auch Sorten, die abweichende Farben haben wie 'Black Velvet' mit dunkelroten Blüten und 'Milk Maid' mit fast weißen Blüten. Die Sorte 'Alaska' überrascht mit panaschierten Blättern.

→ Ab Mitte Mai können Sie die Samen direkt an einen sonnigen, windgeschützten Platz aussäen.

→ Die anspruchslosen Pflanzen an warmen Tagen öfter gießen.

→ Nicht zu viel düngen, sonst sind die Pflanzen nicht blühwillig.

■ **Blütenknospen als Kapernersatz**: Frisch gepflückte Blütenknospen werden gewaschen und mit Salz bestreut. Nach einigen Stunden Ziehzeit werden sie etwa eine Minute blanchiert, abgetropft in Schraubgläser gegeben und mit kochendheißem Essig übergossen. Die Gläser sofort luftdicht verschließen.

■ **Für Blüteneiswürfel** werden saubere Blüten in einen Eiswürfelbereiter gelegt und zur Hälfte mit Wasser aufgefüllt und in den Gefrierschrank gestellt. Nach dem Gefrieren mit dem restlichen Wasser auffüllen.

■ **Für Blütentee** werden in einem Teeglas verschiedene Kräuterblüten und Ringelblumen zu einem Drittel locker eingefüllt und mit kochendem Wasser übergossen. Lassen Sie den Tee etwa 5 Minuten ziehen.

■ **Pikante Blütenbutter** schmeckt auf Brot oder verfeinert warme Gerichte. 50 g weiche Butter werden mit 2 EL Kräuterblüten wie Schnittlauch, Dill, Minze oder Thymian vermengt. Die Buttermasse zu Kugeln oder Rollen formen und bis zur Verwendung kalt stellen. Blütenbutter hält sich etwa zwei Wochen im Kühlschrank.

■ **Für Blütenessig** 4–8 EL Blüten mit 450 ml Weinessig aufgießen, etwa zwei Wochen ziehen lassen, abseihen und frische Blüten zufügen.

Rankende Kapuzinerkresse ist eine attraktive Ampelpflanze.

Blumige Rezepte

Blüten geben nicht nur süßen, sondern auch pikanten Gerichten den letzten Schliff. Sie sind der „krönende Abschluss" auf Desserts, Salaten und belegten Broten.

■ **Für Blützucker** werden 70 g getrocknete, am besten aromatisch duftende Blüten von Lavendel, Minze oder Orange und 500 g Zucker vermischt. Lassen Sie den Mix zwei Wochen ziehen, dabei ab und zu schütteln. Sie können die Zutaten auch in einem Mixer fein häckseln. Der Blütenzucker verfeinert Tees und Süßspeisen.

Frisch oder getrocknet

Kleine Blüten, z.B. von Borretsch, können Sie komplett verwenden. Große Blüten, etwa Kapuzinerkresseblüten, sollte man vor dem Verzehr vorsichtig aus dem Kelch zupfen. Zum Trocknen werden die Blütenköpfe abgeschnitten und auf Küchenpapier mit dem Kelch nach oben gelegt. Wenn sie vollständig getrocknet sind, können die Blüten in fest verschließbaren Gläsern aufbewahrt werden.

¡Viva Mexico!

Chili und Zitronen-Thymian, eine gelungene Kombination für mexikanische Gerichte.

Tomatillos auf dem Balkon

Tomatillos (*Physalis ixocarpa*) sehen aus wie große, grüne oder gelbe Kapstachelbeeren, mit denen sie auch verwandt sind. Sie werden nicht roh gegessen, sondern gegart.

Ab Ende April werden sie auf der Fensterbank ausgesät. Ab Ende Mai kann man die Tomatillos an einen sonnigen, warmen Platz ins Freie stellen. Die Pflanzen werden am besten buschig gezogen. Hierfür kappt man den Haupttrieb und kürzt die Seitentriebe. Die weitere Kultur entspricht der von Tomaten. Die Früchte können geerntet werden, wenn die Hüllen fast aufplatzen. Meistens ist es nötig, späteren Fruchtansatz zu entfernen, damit sich die übrigen Früchte gut entwickeln.

Die mexikanische Küche vereint verschiedene Kochstile in sich, die mittelamerikanisch, spanisch oder arabisch geprägt sind. Einige Zutaten sind besonders charakteristisch für Mexiko wie der Mais für die Tortillas, die Avocados für das Guacamole, die Tomatillos für die Salsa Verde und die Bohnen, die in Mexiko „Frijoles" genannt werden. Hinzu kommen charakteristische Kräuter und Gewürze wie Koriander, in Mexiko „Cilantro" genannt, Epazote, Chili, Oregano, Salbei, Thymian und Tamarindenpaste. Nicht alles davon gedeiht auf Balkonen in unseren Breiten – doch genug, um stilvoll einen mexikanischen Abend zu verbringen.

Cilantro

Koriander oder Cilantro (*Coriandrum sativum*) ist ein typisches Küchenkraut in der mexikanischen Küche. In Deutschland und Europa wird der Koriander eher selten verwandt, da er einen unangenehmen, wanzenartigen Geruch verbreitet. Cilantro ist ein Blattkoriander, der besonders viele Blättchen produziert, bevor er blüht. Wenn Sie keinen Koriander mögen, können Sie ihn durch glattblättrige Petersilie ersetzen.

→ Säen Sie den Koriander ab April direkt aus. Er verträgt kein Verpflanzen. Koriander braucht einen sonnigen Platz und gleichmäßige Feuchte.

→ Sie können regelmäßig die Blättchen ernten oder die ganze Pflanze samt Wurzel. Junge, grüne Korianderfrüchte sind leicht scharf. Die runden, zu mehreren beisammen stehenden Samen werden geerntet, sobald der Samenstand braun ist.

→ Zerkleinern Sie Koriandergrün nicht in einer Maschine, da sonst der strenge und unangenehme Geruch überhand nimmt. Schneiden Sie ihn lieber mit einem scharfen Messer oder der Küchenschere.

→ Koriander ist in vielen Küchen der Welt zu Hause. Verwenden Sie ihn auch in asiatischen Gerichten mit den Wurzeln oder in der arabischen Küche.

Epazote

Epazote (*Chenopodium ambrosioides*) ist das zweite wichtige Gewürzkraut der Mexikaner. Es ähnelt im Wuchs der Gartenmelde und hat unzählige kleine Blüten. Die Pflanze verströmt ein leichtes Zitronenaroma. Traditionell wird Epazote für Bohnen- und andere Hülsenfruchtgerichte verwendet.

→ Die ausdauernde Pflanze wird direkt ausgesät. Sie ist anspruchslos, benötigt jedoch ein frostfreies Winterquartier.

→ Verwendet werden Blätter und Blüten. Die Blätter werden in Streifen geschnitten und kurz vor Ende der Garzeit zugegeben. Epazote kann – aromatisch gesehen – durch Zitronen-Melisse ersetzt werden.

Guacamole

Für vier Personen brauchen Sie zwei reife Avocados, eine Knoblauchzehe, Chili und etwas Zitronensaft. Alle Zutaten werden entweder per Hand oder mit einer Maschine fein zerkleinert. Nach Bedarf wird mit Salz, Pfeffer und Korianderblättern gewürzt. Für einen cremigeren Dip kann man Frischkäse oder Sauerrahm unterrühren. Sie können auch rohe, klein gewürfelte Tomaten und eine gehackte Zwiebel in die Mischung geben.

Noch mehr mexikanische Kräuter

■ **Toronjil Morado** (*Agastache mexicana*) schmeckt kräftig nach Zitrone und wird an Fisch und Salate gegeben.

■ **Mexikanischer Estragon** (*Tagetes lucida*) ist nahe verwandt mit den Studentenblumen. Er hat ein würzig-scharfes Aroma, das leicht an Estragon und Anis erinnert. Ab Mitte Mai wird ausgesät. Geerntet werden Blätter und Blüten. Die Pflanzen sind ausdauernd und regenerieren im Frühjahr aus dem Wurzelstock. Mexikanischer Estragon wurde bereits von den Azteken als Heilkraut geschätzt. Er kann für Kräuteröle und -essige und für Teemischungen verwendet werden.

■ **Gewürztagetes** (*Tagetes tenuifolia*): Die feinen Blätter und gelben bis orangefarbenen Blüten können frisch als Gewürz oder getrocknet in Potpourris verwendet werden. Die gesamte Pflanze verströmt einen angenehmen Geruch, der Blattschädlinge von Nachbarpflanzen fernhält.

■ **Mexikanische Riesen-Gewürztagetes** (*Tagetes minuta*) duftet nach Zitronen und kann an mexikanische Suppen gegeben werden.

■ **Der Mexikanische Oregano** (*Poliomintha longiflora*) ist ein mehrjähriges, nicht winterhartes Kraut, das angenehm nach Oregano duftet. Mit frischen oder getrockneten Blättern und Blüten werden u.a. mexikanische Fischgerichte bereitet.

Blüten und Blätter von Oregano – auch ein Kraut der mexikanischen Küche.

Feurige Chilis

Form und Farbe verraten nichts über den Schärfegrad der Chilis.

Botanisch wird zwischen Gewürzpaprika und Chilis oder Peperonis unterschieden. Der Gewürzpaprika (*Capsicum annuum* var. *annuum*) ist eng mit dem Paprika verwandt und stammt ursprünglich aus Mexiko. Cayennepfeffer oder Chili (*Capsicum frutescens*) stammt aus dem tropischen Mittel- und Südamerika. Er ist etwa 20-mal schärfer als der Gewürzpaprika und wird oft nur als Gewürz verwendet.

Mild, scharf, am schärfsten

Chilis werden nach Schärfeklassen in mild, mittelscharf und sehr scharf eingeteilt. Besonders scharf sind die hellen Scheidewände und die Samen. Um die Schärfe etwas abzumildern, können sie zuvor entfernt werden. Testen Sie vor dem Würzen immer an einem kleinen Stück die Schärfe Ihrer Chili! Form und Farbe verraten nämlich nichts über den Schärfegrad. Allgemein lässt sich sagen, dass grüne, unreife Früchte meist milder sind als die roten, reifen.

■ **Milde Chili-Sorten** schmecken fast wie Paprikaschoten, haben jedoch eine leichte Schärfe. Sie können pur oder gefüllt gegessen werden, ohne dass man sich den Mund verbrennt. Mild sind z.B. der Glockenchili (*C. baccatum*) und die Sorte 'Anaheim' (*C. annuum*).

■ **Mittelscharfe Chili-Sorten** können in Essig oder Öl eingelegt werden oder als Soßengrundlage für die mexikanische Molesoße dienen. Das ist eine feurig-pikante Schokoladensoße, die gern zu Huhn gegessen wird. Mittelscharf sind z.B. *C. annuum* 'Ancho', 'Jalapeño' und 'Mulato' und der Baumchili (*C. pubescens*). Die Mexikaner teilen die Schärfe in Stufen von 1 bis 120 ein. Eine 'Jalapeño' liegt dabei auf Stufe 15!

■ **Sehr scharfe Chilis** werden eingelegt oder getrocknet als Gewürz verwendet. Doch Vorsicht, es könnte zu Verbrennungen kommen! Sehr scharfe Sorten sind beispielsweise *C. annuum* 'Habanero', der Martinique- und Thai-Chili und 'Tabasco', aus der die berühmte Tabascosoße hergestellt wird. Zum Trocknen werden sie im frischen Zustand mit einer Nadel durchstochen, aufgefädelt und aufgehängt. Getrocknete Chilis können in einem Mörser oder einer Mühle gemahlen oder stückweise mit heißem Wasser mindestens eine halbe Stunde lang eingeweicht und zu Sambals verarbeitet werden.

Pflegetipps

→ Chilis gedeihen gut an einem warmen, sonnigen und windgeschützten Platz auf dem Balkon. Eine Ausnahme ist der Martinique-Chili, der auch an schattigeren Plätzchen wächst. Da Chilis aus tropischen Gefilden stammen, tut ihnen auch ein Platz auf der Fensterbank gut.

→ Chilis brauchen ähnlich wie Paprika und Tomate einen kleinen Vorsprung in der Entwicklung. Säen Sie die Samen ab Ende Februar auf der Fensterbank aus. In größere Töpfe gepflanzt, können sie ab Mitte Mai auf den Balkon ziehen. Vorsicht bei der Handhabung der Früchte und Samen! Arbeiten Sie am besten mit Handschuhen und waschen Sie sich gründlich die Hände.

→ Vielfach wird Chili einjährig gezogen. Arten wie *Capsicum frutescens* und *Capsicum pubescens* können auch mehrjährig gehalten werden. Man überwintert sie entweder warm oder kalt. Bei kalter Überwinterung sollte so wenig wie möglich gegossen werden. Im Frühjahr setzt man die Pflanzen dann in frische Erde und schneidet sie zurück.

→ Chilipflanzen sollten immer gut feucht (nicht nass!) gehalten werden. Sie vertragen aber auch kurze Phasen der Trockenheit. Düngen Sie mit einem handelsüblichen Volldünger oder mit einem Tomatendünger.

→ Ernten Sie auch die grünen, unreifen Früchte! So erhöhen Sie die Ausbeute.

Auf einen Blick | Feurige Chilis

Art/Sorte	Schärfe	Verwendung
Glockenchili (*C. baccatum*)	mild	am besten pur oder zum Füllen
'Anaheim' (*C. annum*)	mild	zum Füllen
'Ancho' (*C. annuum*)	mild–scharf	für das mexikanische Nationalgericht „Molesoße" (= eine pikante Schokoladensauce mit Chili und anderen Gewürzen)
'Jalapeño' (*C. annuum*)	scharf	für Salsas
'Mulato' (*C. annuum*)	mittelscharf	für „Molesoße" (s. oben)
Baumchili (*C. pubescens*)	mittelscharf–scharf	zum Einlegen
'Serrano' (*C. annuum*)	sehr scharf	für Salsas
Martinique (*C. spec.*)	sehr scharf	frisch oder getrocknet
Thai-Chili (*C. spec.*)	sehr scharf	für die Asia-Küche
'Habanero' (*C. annuum*)	sehr scharf	nur in geringen Mengen!

Kräuter für die Thai-Küche

Kokosmilch, Zitronengras, Ingwer und Chilis kennzeichnen die thailändische Küche. Sie schmeckt leicht, scharf und zitronig. Chili, Zitronengras und Ingwer lassen sich gut auf dem Balkon ziehen.

Fruchtig-scharfer Ingwer

Ein schattiger Balkon ist ideal, um Ingwer (*Zingiber officinale*) anzubauen. An einem warmen und schattigen Plätzchen wächst der Ingwer wie von allein. Die hübsche Pflanze bringt bis zu 1 m hohe Stängel mit langen, schmalen Blättern hervor.

→ Eine frische Ingwerknolle wird im Herbst etwa 6 cm tief in einen großen Topf mit einer Mischung aus Sand und Blumenerde zu gleichen Teilen gelegt und an einen hellen, warmen Platz in der Wohnung gestellt. Gießen Sie vorsichtig, damit die Knolle nicht verfault! Nach ein paar Wochen zeigen sich die ersten Blätter. Jetzt kann kräftiger gegossen werden. Lassen Sie jedoch die Erde bis zum nächsten Gießen abtrocknen.

→ Ab Mai kann der Topf auf den Balkon gebracht werden. Der Ingwer wird reichlich gegossen und gedüngt.

→ Im Herbst wird der Ingwer geerntet, indem die Erde samt Knollen vorsichtig aus dem Topf gehoben wird. Setzen Sie gleich ein Stück Ingwerknolle für das nächste Jahr ein.

→ Ingwer kann nach dem Schälen gehackt oder gerieben werden. Die erfrischend scharfe Knolle hat eine zitronige Note. Das Gewürz verfeinert Currys und gebratene Gerichte.

→ Am besten hält sich der Ingwer, wenn er in einer Frischhaltedose im Kühlschrank aufbewahrt wird.

Zitronig-frisches Zitronengras

Zitronengrasstängel (*Cymbopogon citratus*) und Blätter der Kaffir-Limette (*Citrus hystix*) bringen die unverzichtbaren, zitronigen Aromen in die Thai-Küche.

Zitronengras wird in Gärtnereien manchmal bei den Zimmerpflanzen, aber auch immer öfter bei den Küchenkräutern angeboten. Ebenso können Sie die Zitronengrasstängel aus dem Asia-Laden in ein Glas mit Wasser stellen. Sobald Wurzeln sichtbar sind, können die Stängel in einen Topf gepflanzt werden.

Thailändische Garnelensuppe

Für vier Personen: 100 g thailändische Reisnudeln nach Packungsanweisung zubereiten und mit einer Schere mehrmals durchschneiden. 200 g rohe, geschälte Garnelen kalt abbrausen. 2 cm Ingwer schälen und fein reiben und mit den Garnelen mischen. Einen Stängel Zitronengras in feine Würfel schneiden. 300 g Mangold waschen, die Stiele klein würfeln und die Blätter grob hacken. 1 EL Öl in einem Topf erhitzen, Mangoldstiele 3 min. andünsten, mit einem ¾ l Gemüsebrühe und 200 ml ungesüßter Kokosmilch aufgießen, Zitronengras zufügen und 5 Minuten köcheln lassen. Ingwer, Garnelen und Mangold zugeben und 2–3 Minuten ziehen lassen. Mit Fischsoße, Limettensaft, fein gehackten Chilis, Zitronenblättern, Salz und Pfeffer abschmecken und vor dem Servieren mit frischem Koriandergrün bestreuen.

Im Sommer braucht das Zitronengras viel Wärme, viel Wasser und viel Dünger. Zum Überwintern stellen Sie das Gras in einen frostfreien Raum, wo es trocken gehalten wird, ohne jedoch auszutrocknen. Es kann auch in einem warmen Zimmer überwintert werden. In einem großen Topf hält man das Zitronengras in Zaum. Ist es doch zu groß geworden, kann es geteilt werden.

Die Triebe können fortlaufend geerntet werden. Dazu wird ein Trieb oberhalb der Wurzel abgeschnitten. Die Blätter schneidet man ebenfalls ab, so dass am Ende ein 10–13 cm langes Stück übrig bleibt. Diese Stücke eignen sich gut zum Einfrieren. Zum Kochen werden die Stängel von den äußeren Schichten bis zum rosafarbenen Ring befreit, dann fein gehackt. Ältere Triebe werden im Mörser zerstoßen und vor dem Verzehr entfernt.

■ **Kaffir-Limetten** werden als Bäumchen seltener im Handel angeboten. In Asia-Läden werden die Blätter frisch verkauft. In feine Streifen geschnitten werden sie mitgegart.

Thai-Basilikum

Im Gegensatz zum Genoveser Basilikum hat das Thai-Basilikum (*Ocimum basilicum*) rötliche Blütenstände und ein anisähnliches Aroma. Thai-Basilikum wird für grüne Currys, Reisgerichte und Suppen verwendet. Dabei werden Blätter und Blüten kurz vor Ende der Garzeit oder vor dem Servieren zugegeben.

■ **Zitronen- und Limonen-Basilikum** (*Ocimum basilicum*, *O. americanum*) geben zusätzliches zitroniges Aroma. Sie können auch Süßspeisen beigegeben werden.

■ **Heiliges Basilikum oder Tulsi** (*Ocimum tenuiflorum*) ist den Hindus heilig. Es verkörpert den Gott Vishnu und ist in Indien in fast jedem Garten zu finden. Es wird mitgekocht. Ein Tee aus den Blättern soll besonders wohltuend sein.

Zur „echten" Thai-Küche gehören auch die Originalzutaten und -gewürze.

→ Die Aussaat erfolgt ab Mai. Die Pflanzen sind mehrjährig und können auf der Fensterbank überwintert werden.

→ Wenn Sie im Asia-Laden Basilikum kaufen, stellen Sie einige Stängel zum Bewurzeln in Wasser. Sobald sich Wurzeln gebildet haben, können Sie sie in einen Topf mit Erde pflanzen. So können Sie über Stecklinge Ihr eigenes Thai-Basilikum heranziehen.

Aus dem Teekästchen

Kräutertees wärmen in der kalten und beleben in der heißen Jahreszeit. Im Sommer werden natürlich erfrischende Kräuter wie Zitronen-Melisse und Minze bevorzugt. Im Winter wärmen dann Salbei und Thymian.

Erfrischende Zitronen-Melisse

Das feine Aroma der Zitronen-Melisse (*Melissa officinalis*) gibt nicht nur Kräutertees eine frische Note, sondern auch verschiedenen Süßspeisen und Fischgerichten. Melissentee hilft bei Kopfschmerzen und Nervosität. Die Sorte 'Citronella' hat einen höheren Anteil an ätherischen Ölen. Die Kreta-Melisse (*Melissa officinalis* subsp. *altissima*) besitzt ein kräftiges Aroma nach Limetten und Mandarine.

→ Zitronen-Melisse kann ab April ausgesät werden oder als Topfpflanze gekauft werden. Die winterharten Pflanzen können an einem sonnigen bis halbschattigen Platz stehen.
→ Zum Trocknen werden die Blätter vor der Blüte geerntet. Schneiden Sie die Pflanzen dabei um zwei Drittel zurück, so können sie wieder kräftig austreiben.

Türkischer Drachenkopf

Der Türkische Drachenkopf (*Dracocephalum moldavicum*) ist ein noch wenig bekanntes Teekraut. Ein Tee aus Blättern und Blüten erinnert im Geschmack an Zitronen-Melisse.
→ Die einjährige Pflanze wird ab April ausgesät. Die lilafarbenen Blüten erscheinen von Juni bis September. Die Sorte 'Snow Dragon' hat weiße Blüten.
→ Zum Trocknen werden die blühenden Triebe mit Blättern geerntet. Lassen Sie einige Triebe abblühen, um Samen für das nächste Jahr zu gewinnen!

Noch mehr Teekräuter

■ **Die verschiedenen Minze-Arten und -Sorten** (*Mentha* spec.) schmecken erfrischend. Genießen Sie einen Minzetee aus frischen Minzeblättern. Übergießen Sie dafür zwei Zweige Minze mit kochendem Wasser und lassen Sie den Tee etwa 4 Minuten ziehen. Sie werden nie mehr Teebeuteltee trinken wollen!
■ **Echte Kamille** (*Matricaria recutIta*) gibt jedem Kräutertee eine fruchtige Note.

Mit einem frischen Kräutertee können Sie gut entspannen.

■ **Monarde oder Indianernessel** (*Monarda didyma*) ähnelt im Geschmack der Zitronen-Melisse. Verwendet werden Blätter und Blüten.

■ **Zitronenverbene** (*Aloysia triphylla*) ist in Frankreich ein beliebter Haustee. Die Blätter werden frisch oder getrocknet verwendet. Die Pflanze ist nicht winterhart und wird kühl überwintert. Keine Panik, wenn der Strauch im Winter die Blätter verliert! Im Frühjahr treibt er wieder aus.

■ **Lemonysop** (*Agastache mexicana*) schmeckt nicht nach Limone, sondern nach Anis. Die magentaroten Blüten und die Blätter ergeben einen aromatischen Tee. In der Küche kann er wie Estragon eingesetzt werden.

■ **Katzenminze** (*Nepeta cataria* subsp. *citriodora*) hat ein mildes Zitronenaroma

Kräutertee genießen

Haustees schmecken Jung und Alt. Sie enthalten kein Koffein und beugen – regelmäßig im Herbst getrunken – Erkältungen vor. Kreieren Sie Ihre eigene Hausteemischung: Als Grundlagen eignen sich alle Minzen, Zitronen-Melisse, Salbei und die Blätter von Brombeeren, Himbeeren oder Schwarzen Johannisbeeren. Farbe bringen Blüten von Kamille, Sonnenblumen, Monarde, Agastache oder Türkischem Drachenkopf in die Mischung. In vielen Haustees ist auch ein Teil Thymian enthalten, der Erkältungen vorbeugt. Vor dem Aufguss können Sie eine Prise aufmunternden Rosmarin oder beruhigende Lavendelblüten hinzufügen.

→ Mischen Sie die getrockneten Kräuter und Blüten in einer großen Schüssel. Füllen Sie die Teemischung in eine gut schließende, dunkle Dose.

→ Heißer Kräutertee: Pro Tasse 2 EL klein geschnittene, frische oder 1 EL getrocknete Kräuter in ein Teesieb geben und mit kochendem Wasser aufgießen, maximal 5 Minuten zugedeckt ziehen lassen und abseihen.

Mein Haustee

Ich mische mir meinen Haustee jeden Herbst neu. Als Grundlage nehme ich Pfefferminze, Minze und Melisse. Hinzu kommen Salbei und Thymian (vorbeugend gegen Infekte), Basilikum, Türkischer Drachenkopf, Ringelblumenblüten und Kamillenblüten. Im Laufe des Sommers trockne ich auch Blüten von Kräutern, Wilder Malve, Kornblumen, Sonnenblumen und Gewürztagetes und füge sie hinzu.

Erfrischungen mit Kräutern

■ **Kräuter-Eistee**: Kräutertee abkühlen lassen. Schneller geht's, wenn der Kräutertee mit der halben Menge Wasser aufgegossen wird und die gleiche Menge Wasser in Eiswürfelform zugegeben wird. Probieren Sie eine Mischung aus je einem TL Kamillenblüten, Thymian, Pfefferminze und Zitronen-Melisse und zwei Scheiben Zitrone auf 1 l kochendes Wasser.

■ **Zitronenlimonade mit Minze**: 850 ml kaltes Wasser und 150 ml Zitronensaft in einen großen Krug geben. 2 EL Zucker und klein geschnittene Pfefferminze hinzugeben und umrühren. Nach Geschmack mehr Zucker, Zitrone oder Minze zugeben und mit Eiswürfeln anrichten.

■ **Pfefferminzgranita**: 500 ml Wasser und 100 g Zucker aufkochen, bis der Zucker vollständig aufgelöst ist. Die Blätter von etwa zehn Minzestängeln im Mixer mit etwas Zucker klein hacken, in die heiße Zuckerlösung geben und abkühlen lassen. 2 EL Zitronensaft und ein Glas Limonade oder Tonic Water unterrühren. Alles mit einem Schneebesen aufschlagen und etwa fünf Stunden in Gefrierfach gefrieren lassen. Dabei gelegentlich aufschlagen, so dass die Eiskristalle ganz klein und das Granita sämig wird. Vor dem Servieren ebenfalls noch mal aufschlagen. Probieren Sie folgende „Eiskräuter" aus: Basilikum, Rosmarin, Waldmeister oder Zitronen-Melisse.

Erfrischende Minze

Minzen wurden schon in der Antike als Heil- und Gewürzpflanzen hoch geschätzt. Die Edelminzen (*Mentha* spec.) werden in mentholhaltige und mentholarme Sorten unterschieden. Je geringer der Mentholgehalt, desto besser kommen andere ätherische Öle zum Zuge. Die Duft- und Geschmacksrichtungen reichen von zitronigen, blumigen oder fruchtigen Noten bis zu pfeffrig scharfen oder kümmelähnlichen Aromen. Die heute häufig genutzte Pfefferminze (*Mentha* × *piperita*) wurde erstmals 1696 in England beschrieben. Sie zeichnet sich durch einen hohen Mentholgehalt aus.

Pflegetipps

→ Minzen neigen zum Wuchern und sollten in einen eigenen, großen Topf oder Kasten gesetzt werden. Kompakt und langsam wachsen dagegen die Marokkanische Minze und die Erdbeer-Minze.
→ Viele Minzen, wie die Orangen-Minze, mögen einen sonnigen Standort, sie vertragen aber auch Halbschatten. Obwohl Minzen trockenverträglich sind, sollten sie nicht austrocknen. Bis auf die Marokkanische Minze sind die Minzen winterhart.

→ Alle zwei bis drei Jahre wird umgetopft. Dabei ergibt sich auch die Gelegenheit, die Minzen zu teilen oder über Ausläufer zu vermehren. Im Frühsommer können Stecklinge geschnitten werden.
→ Einige Sorten wie 'Mitcham' sind besonders anfällig für Minzrost (orangefarbene Blattflecken) oder Mehltau (weiße, mehlige Beläge). Schneiden Sie die befallenen Pflanzen bis zum Boden zurück und topfen Sie sie jedes Jahr in neue Erde. Die Sorte 'Multimentha' ist sehr robust.
→ Blattläuse waschen Sie am besten ab. Pflanzenschutzmittel sollten Sie bei Pflanzenteilen, die Sie noch verzehren wollen, nicht anwenden.
→ Triebteile, die man trocknen will, werden vor der Blüte geerntet. Für den täglichen Gebrauch können Sie die Triebe jederzeit auch mit Blüten schneiden.

Tee- und Küchenkraut

Pfefferminztee ist krampflösend, appetitanregend und hilft bei Verdauungsstörungen. Die Heilwirkung ist auf den Wirkstoff Menthol zurückzuführen. Aber auch bei Nervosität und Kopfschmerzen kann er Wunder wirken. Von einem Dauergebrauch ist

Auf einen Blick Vielseitige Minze

Art/Sorte	Duft	Mentholgehalt
'Mitcham' (*M.* × *piperita*)	Pfefferminzaroma	stark mentholhaltig
'Spearmint' (*M. spicata*)	Kaugummi	mentholhaltig
'Marokkanische Minze' (*M. spicata* var. *crispa*)	süßlicher, kühler Geschmack	mentholhaltig
Orangen-Minze (*M.* × *piperita* var. *citrata*)	Bergamotteorange	mentholarm
Zitronen-Minze (*M. gentilis* var. *citrata*)	Zitronenduft	mentholarm
Apfel-Minze (*M.* × *rotundifolia*)	Apfelaroma	sehr mentholarm
Erdbeer-Minze (*M.* 'Strawberry')	Erdbeerduft	mentholarm
Ananas-Minze (*Mentha suaveolens* 'Variegata')	fruchtiges Aroma	mentholarm
'Chocolate Mint' (*M.* × *piperita*)	After-Eight-Duft	mentholarm
Naneminze (*Mentha spicata* var. *crispa*)	kümmelähnlich	mentholhaltig

Die wuchskräftigen Minzen sollten immer in einem eigenen Topf wachsen.

jedoch abzuraten, da Menthol den Magen reizen kann. Für die tägliche Tasse Minztee sollten Sie auf mentholarme Sorten zurückgreifen.

Minze ist nicht nur ein Teekraut. In der asiatischen und orientalischen Küche ist sie ebenso ein beliebtes Küchenkraut. Probieren Sie Minze zu Gemüse, Salaten, Geflügel oder Fisch. Fruchtige Minzen passen gut zu Süßspeisen, Erfrischungsgetränken und Cocktails.

■ **Englische Minzsoße**: 4 EL gehackte Apfel-Minze (oder Pfefferminze) mit 1 TL Zucker und 1 EL heißem Wasser verrühren, 3 EL Weinessig und 1 Prise Salz hinzufügen und mind. 30 Minuten ruhen lassen. Die Minzsoße wird traditionell zu Lamm gereicht, schmeckt aber auch mit Gemüse.

■ **Mojito**: Den Saft einer Limette, 2 TL braunen Rohrzucker und etwa sieben Minzeblätter in ein Glas geben und mit einem Stößel zerdrücken. Eiswürfel oder besser zerstoßenes Eis, 4 cl weißen Rum und 2 cl Mineralwasser zugeben. Alles vorsichtig umrühren und mit einem Minzezweig garniert und einem Trinkhalm servieren.

Wellness pur

Ringelblumenblüten

Die anspruchslosen Ringelblumen (*Calendula officinalis*) werden ab April ausgesät. Sie blühen den ganzen Sommer über. Eine selbst gemachte Salbe aus Ringelblumenblüten hilft bei Hautproblemen, Ekzemen und Brandwunden.

■ **Ringelblumensalbe:** 100 g Vaseline im Wasserbad schmelzen lassen und 20 g getrocknete oder 50 g frische Ringelblumenblüten hinzugeben. Diesen Salbenansatz zwei bis drei Stunden unter häufigem Rühren bei milder Hitze ziehen lassen. Vorsicht, er darf nicht kochen! Seihen Sie die Ringelblumen ab und drücken Sie sie gut aus. Rühren Sie die Salbenmasse solange weiter, bis sie fast erstarrt ist. Füllen Sie die Salbe in Schraubgläser oder Cremetiegel. Kühl und lichtgeschützt ist die Salbe etwa drei Monate haltbar.

Kamillenblüten

Die Echte Kamille (*Matricaria recutita*) wird im Frühjahr in Schalen oder Kästen ausgesät. Ausdünnen ist unbedingt notwendig. Die

Mit selbst geernteten Kräutern können Sie Ihre eigene Ringelblumen- und Kamillencreme hestellen.

anspruchslosen Pflanzen gedeihen überall dort, wo es sonnig ist. Die Blüten werden in Vollblüte, etwa drei Tage nach Beginn der Blüte geerntet. Die Sorte 'Bodegold' hat größere Blüten als die Art. Die Römische Kamille (*Chamaemelum nobile*) ist winterhart und gedeiht auch auf halbschattigen Balkonen. Die Blüten ergeben einen fruchtig duftenden Badezusatz.

■ **Kamillencreme für trockene Haut**: 100 g Bienenwachs im Wasserbad schmelzen lassen. Fügen Sie 25 ml Olivenöl, 30 ml Wasser und Kamillenblüten (20 g frisch oder 50 g getrocknet) hinzu. Halten Sie die Mischung für zwei bis drei Stunden auf dem Herd warm und rühren Sie immer wieder um. Gießen Sie die Kamillenmischung durch ein feines Sieb oder Mulltuch. Rühren Sie die gefilterte Creme so lange, bis sie erkaltet ist. Wenn sie fest wird, kann sie in Cremetiegel oder Schraubgläser umgefüllt werden. Im Kühlschrank ist die Kamillencreme etwa zwei Monate haltbar. Sie können auch Cremes mit Ringelblumen oder Lavendel herstellen.

Potpourris & Raumerfrischer

Potpourris sind Mischungen aus getrockneten Kräutern, Blüten und Gewürzen. Um den Duft zu verstärken, können sie mit ätherischen Duftölen versetzt werden. Nach etwa einer Woche Ziehzeit

Kräuterlikör

Kräuterliköre sind appetitanregend und verdauungs-fördernd. Sie können frische oder getrocknete Kräuter entweder pur, als Mischung oder mit Gewürzen ver-wenden. Probieren Sie Minze, Melisse, Verbene, Duft-Pelargonien und Basilikum. Für einen Kräuterbitter eignen sich Wermut, Eberraute und Weinraute.
1 ½ Tassen Zucker und ¼ Tasse Wasser aufkochen, bis der Zucker aufgelöst ist. Den Sirup abkühlen lassen und über etwa vier Tassen frische Kräuter geben und eventuell im Mixer hacken. Mit etwa 1 l 40%igem Alkohol (z.B. Wodka oder Doppelkorn) auffüllen und an einem dunklen Ort ruhen lassen. Schütteln Sie die Flasche ab und zu. Nach ein bis zwei Tagen (frische Kräuter) oder einer Woche (getrocknete Kräuter) kön-nen Sie den Ansatz abseihen und in Flaschen abfüllen. Sie können den Likör sofort genießen.

in einer Metalldose können Sie die Potpourris in dekorativen Schalen oder Gläsern in der Wohnung verteilen. Als Fixativ kann man gemahlene Veilchen-wurzel (in Apotheken erhältlich) beigemengen. Lässt der Duft nach, kann das Potpourri mit ätherischen Ölen aufgefrischt werden. Sie können die Potpourri-Mischung auch in ein Duftsäckchen füllen.
■ **Raumerfrischer:** Füllen Sie abgekühlten Tee aus Duftgeranien, Minze, Zitronen-Melisse, Zitronen-strauch oder Lavendel in ein Sprühflakon.

Kräuterbad & Kräuterseife

Für ein Bad aus Kräutern brühen Sie sich einen star-ken Tee aus frischen oder getrockneten Kräutern auf. Eine bis zwei Handvoll frische oder 100 g getrock-nete Kräuter mit 1 l kochendem Wasser aufgießen, etwa 10 Minuten ziehen lassen und abseihen. Diesen geben Sie dann in das Badewasser. Pfefferminze wirkt erfrischend, Rosmarin anregend und Melisse beruhigend. Nach Belieben kann man noch 1 l Milch oder Molke mit in das Badewasser geben.

■ **Selbst gemachte Kräuterseife**: Sie brauchen eine in Flocken geraspelte parfümfreie, milde Körperseife (z.B. eine Babyseife) und einen kalten, starken Kräu-tersud aus einer Tasse Wasser und einer Handvoll Kräutern wie z.B. Rosmarin, Kamille, Lavendel, Duft-Pelargonie und Zitronenverbene. Die Seifenflocken werden im Wasserbad unter ständigem Rühren erwärmt, bis sie flüssig sind. Jetzt können 4–5 EL des erkalteten Kräutersuds und der Saft einer hal-ben Zitrone hinzugefügt werden. Fügen Sie nach Belieben einige Tropfen Duftöl oder getrocknete Kräuter in die flüssige Seifenmasse. Lassen Sie die Seifenmasse etwas abkühlen, bis sie breiig ist. Kne-ten Sie die Masse zu kleinen Kugeln oder auch einer anderen kompakten Form und wickeln sie diese in Klarsichtfolie. Die Seifenkugeln müssen an einem warmen Ort für mehrere Stunden trocknen. Dann können die Kugeln mit feuchten Händen geglättet werden und nochmals in Folie verpackt getrocknet werden. Nach weiteren 24 Stunden werden die Sei-fen in Seidenpapier gewickelt und an einem trocke-nen Ort aufbewahrt.

Duftender Lavendel

Blühender Lavendel – das kann man förmlich riechen!

Blaublühende Lavendelfelder erinnern uns an die Provence. Holen Sie sich das südfranzösische Lebensgefühl auch auf den Balkon! In den meisten Gärtnereien werden der Echte und der Schopf-Lavendel (*Lavandula angustifolia, L. stoechas*) angeboten. Sie sind schwachwüchsig und für die Topfkultur gut geeignet, der Schopf-Lavendel ist jedoch nicht winterhart. Der Provence-Lavendel (*Lavandula × intermedia*) wächst höher und ist in einem Kübel oder Kasten besser aufgehoben. Die Blütenfarbe variiert von Weiß über Rosa und Blau nach Violett.

Lavendel-1 x 1

→ Am einfachsten ist es, wenn Sie in der Gärtnerei einen oder mehrere Töpfe mit Lavendel kaufen. Die Art und einige Sorten lassen sich auch gut aussäen. Bei der Aussaat braucht man etwas Geduld, wird dann aber mit einem sehr robusten Lavendel belohnt.

→ An einem sonnigen, warmen Plätzchen entwickelt der Lavendel sein süßliches Aroma besonders gut. Achten Sie darauf, dass die Töpfe eine gute Dränage erhalten. Lässt der Lavendel im Wuchs etwas nach, kann Kalk fehlen. Lavendel ist zwar winterhart, dennoch sollten Sie ihm einen Winterschutz geben.

→ Nach der Blüte wird der Lavendel zurückgeschnitten, damit er kompakt und buschig bleibt. Unterbleibt der Rückschnitt, fällt der Lavendelbusch auseinander und wird von unten her kahl.

→ Lavendel kann man im Herbst über Stecklinge vermehren.

Tipps zur Ernte und Verwendung

Die Blätter können Sie jederzeit ernten. Verwenden Sie sie nur sparsam in der Küche! Sie passen gut zu Lamm und Fisch. Blüten für Kräutertees und Potpourris werden geschnitten, wenn sie voll erblüht sind und schon fast an der Pflanze trocknen.

■ **Trockensträuße**: Wenn Sie aus den Lavendelblüten Trockensträuße machen wollen, sollten Sie die Triebe schneiden, sobald sich die unteren Blüten geöffnet haben. Binden Sie die Blütenähren zu Bündeln und hängen Sie sie kopfüber auf. Besonders gut für Trockensträuße ist *Lavandula × intermedia* 'Bleu de Collines' geeignet.

■ **Duftsäckchen für den Kleiderschrank**: Lavendelblüten in einem Baumwollsäckchen halten Motten fern und geben der Wäsche einen angenehmen Duft.

■ **Lavendelzucker**: Schichten Sie Lavendelblüten und Zucker in ein Schraubglas ein. Nach ein bis zwei Wochen ist der Zucker aromatisiert. Die Blüten werden vor der Verwendung entfernt.

■ **Lavendeltee**: 1 TL getrocknete Blüten / Tasse werden mit kochendem Wasser übergossen. Den Tee abgedeckt 10–15 Minuten ziehen lassen, damit die ätherischen Öle nicht verfliegen. Beim Abnehmen des Deckels sollten Sie die Öltröpfchen mit in den Tee laufen lassen. Lavendel wirkt beruhigend bei Kopfschmerzen und Schlaflosigkeit. Er kann auch mit anderen beruhigenden Kräutern wie Melisse gemischt werden.

Lavendelöl

Aus dem Echten Lavendel wird das teuerste Lavendelöl der Welt gewonnen. Auf den provenzalischen Lavendelfeldern steht jedoch meistens der wüchsigere Provence-Lavendel. Seine Sorten sind entweder besonders gut zur Ölgewinnung oder für Trockensträuße geeignet. Der Provence-Lavendel ist eine Hybride aus dem Echten Lavendel (*Lavandula angustifolia*) und dem Wolligen Lavendel (*Lavandula lanata*). Der Speick-Lavendel (*Lavandula latifolia*) hat breite, silbrige Blätter. Aus ihm wird Speicköl gewonnen, das im Duft nicht an das Lavendelöl heranreicht.

Auf einen Blick Lavendel-Sorten

Sorte	Blütenfarbe	Wuchs
'Hidcote Blue' (*L. angustifolia*)	dunkelviolett	kompakt
'Rosea' (*L. angustifolia*)	rosa	kompakt
'Nana alba' (*L. angustifolia*)	weiß	Zwergsorte
'Blue Cushion' (*L. angustifolia*)	leuchtendblau	niedrig, kompakt
'Cecilia' (*L. angustifolia*)	blau	groß, starkwachsend
'Grosso' (*L. × intermedia*)	dunkelviolett	große Sorte
'Félibre' (*L. × intermedia*)	violett	etwa 60 cm hoch
'Bleu de Collines' (*L. × intermedia*)	dunkelblau	kompakt, etwa 60 cm hoch

Grüne Apotheke

Viele unserer Küchenkräuter haben neben ihren würzenden Eigenschaften auch heilende Wirkung. Nutzen Sie die grüne Apotheke auf Balkonien, entweder frisch im Sommer oder getrocknet im Winter. Die heilkräftigen Kräuter finden Sie meist schon in Ihrem Kräuterkasten.

Nervenstark

■ **Bei Anspannung** und Nervosität helfen Bäder oder Tees mit Zitronen-Melisse oder Lavendelblüten.

■ **Bei Kopfschmerzen** oder Migräne hilft ein Ingwer-Minztee: 1 cm geriebene Ingwerwurzel und ein EL Minze

mit kochendem Wasser überbrühen und 4 Minuten ziehen lassen.

■ **Nervenstärkend** wirkt ein Teeaufguss mit Rosmarin.

■ **Bei Schlafstörungen** helfen Waldmeister, Lavendel und Dillsamen. Versuchen Sie es doch einmal mit einem mit Lavendel und Melisse gefüllten Schlafkissen.

Wenn der Magen rebelliert

Die meisten mediterranen Kräuter wie Basilikum, Rosmarin, Oregano und Thymian sind verdauungsfördernd. Als Beigabe zum Essen entfalten sie ihre Wirkung. Sollte es

doch einmal Verdauungsprobleme geben, probieren Sie etwas von den folgenden Kräutern aus.

■ **Gegen Blähungen** hilft eine Mischung aus je einem Teil Fenchelsamen und Koriandersamen. Zerdrücken Sie die Samen leicht in einem Mörser und nehmen Sie einen 1 TL pro Tasse. Der Tee sollte etwa 5 Minuten zugedeckt ziehen. Noch besser wirkt der Tee, wenn Sie der Mischung noch 2 Teile Kümmelsamen und 1 Teil Anissamen hinzufügen.

■ **Appetitanregend** wirken Chili und Basilikum. Bei Appetitlosigkeit hilft Wermut.

■ **Bei Übelkeit und Brechreiz** helfen Pfefferminz- oder Kamillentee.

Erkältung adé

Auch wenn die kalte Jahreszeit noch fern scheint, sollten Sie trotzdem schon einmal ein paar Kräuter für eine kommende Erkältung sammeln.

■ **Bei herannahender Erkältung** oder Grippe hilft ein Oreganobad. 100 g getrocknetes Kraut in 1 l kochendem Wasser aufbrühen, 15 Minuten ziehen lassen und abseihen.

■ **Kräuter gegen den Husten** sind Majoran, Thymian und Salbei. Bereiten Sie einen Teeaufguss mit 2 TL getrocknetem Kraut pro Tasse zu. Trinken Sie den Tee mit etwas Honig schluckweise.

■ **Ein Dampfbad mit Kamillenblüten** hilft bei Erkältungen. Dafür werden 2 EL Kamillenblüten mit heißem Wasser überbrüht und der Dampf etwa 10 Minuten inhaliert. Hat die Erkältung voll zugeschlagen, hilft eine Mischung aus Kamillenblüten, Oregano und Thymian.

■ **Anti-Erkältungstrunk**: Ingwer und Zitrone helfen ebenfalls gut bei Erkältungen. Hacken Sie 2 cm frische Ingwerwurzel klein und gießen Sie sie mit kochendem Wasser auf.

Zitronen-Melisse wirkt beruhigend.

Geben Sie den Saft einer Zitrone und nach Geschmack Honig hinzu.

Frühjahrskur

Vielleicht haben Sie ja das Glück, dass sich eine Brennnessel in Ihren Balkonkasten verirrt. Einige Gartenversandhäuser bieten auch Samen der Großen Brennnessel (*Urtica dioica*) an. Ziehen Sie sich zur Ernte der jungen Blätter Gummihandschuhe an. Waschen Sie die Blätter kurz in warmem Wasser, so lässt die Brennwirkung etwas nach. Ernten und trocknen Sie regelmäßig die nachtreibenden Blättchen und Sie erhalten für das kommende Frühjahr einen guten Entschlackungstee. Verfeinern Sie ihn noch mit etwas Zitronenverbene oder Zitronen-Melisse, um ihn schmackhafter zu machen. Trinken Sie drei bis vier Tassen täglich, die erste Tasse am besten gleich morgens auf nüchternen Magen. Der Tee sollte etwa 10 Minuten zugedeckt ziehen. Eine Brennnesselkur kann vier bis acht Wochen dauern.

Schöne Haut

Johanniskraut (*Hypericum perforatum*) ist eine anspruchslose, winterharte Staude. Sie wird ab April ausgesät. Blätter und Blüten kann man zu einem Tee aufgießen. Vorsicht bei der Anwendung von Johanniskraut ist wegen erhöhter Lichtempfindlichkeit geboten! Bei unreiner und fettiger Haut helfen selbst gerührte Gesichtswasser und Dampfbäder.

■ **Johanniskrautgesichtswasser** hat eine antiseptische und adstringierende Wirkung, die besonders bei fettiger Haut hilft: 15 g Blüten werden in 1 l Wasser zum Kochen gebracht und etwa 10–15 min im geschlossenen Topf bei kleiner Hitze weitergekocht. Abkühlen lassen und in Flaschen abfüllen.

Kamillentee hilft bei Übelkeit.

■ **Ringelblumendampfbad:** 1 Handvoll Ringelblumenblüten mit 1 l kochendem Wasser überbrühen. 2- bis 3-mal am Tag für etwa 10 Minuten anwenden.

■ **Salbei-Peeling** gegen unreine Haut: 2 EL getrockneter Salbei mit einer Tasse kochendem Wasser übergießen und 10 Minuten abgedeckt ziehen lassen. Tee abseihen und mit 2 EL Hafermehl und 2 EL gemahlenen Mandeln zu einer glatten Creme verrühren.

■ **Ein Hautpflegebad** mit Ringelblumen und Melisse hilft bei trockener und gereizter Haut. Füllen Sie dafür ein Leinensäckchen mit je einer Handvoll Melissenblätter und Ringelblumenblüten und legen Sie es auf den Wannenboden. Wasser einlaufen lassen und das Säckchen vor dem Baden ausdrücken.

Vergessene Heil- und Küchenkräuter

Bitterer Wermut

Der Wermut (*Artemisia absinthium*) ist ein sogenanntes Bitterkraut. Früher half es, den fettigen Gänsebraten zu verdauen. Aber da heute nicht mehr so fett gegessen wird, ist auch seine Heilkraft in Vergessenheit geraten. Nichtsdestotrotz ist der Wermut mit seinen beiden nahen Verwandten Eberraute (*Artemisia abrotanum*) und Beifuß (*Artemisia vulgaris*) ein Schmuck für den Balkon. Ihre silbergrauen Blätter und kleinen gelben Blüten sind eine Augenweide. Römischer Wermut (*Artemisia pontica*) hat noch feineres Laub als Wermut.

Besonders für sonnige Südbalkone sind Wermut & Co. geeignet. Die Pflanzen sind winterhart und vertragen im Frühjahr einen Rückschnitt. Setzen Sie doch mit den Bitterkräutern einen Bitterlikör (siehe Grundrezept S. 71) an!

■ **Wermut & Beifuß**: Geerntet werden die Triebe mit den geschlossenen Blütenknospen. Entfernen Sie die Blätter, da sie zu bitter sind. Beifuß und Wermut werden mitgegart. Die enthaltenen Bitterstoffe fördern die Fettverdauung.

■ **Eberraute:** Hier werden nur die Blätter geerntet. Sie haben ein zitronenähnliches Aroma und passen gut zu Braten und Soßen.

Heilende Indianernessel

Die Indianernessel (*Monarda didyma*) wurde von den Oswego-Indianern als Heilkraut bei Erkältungen geschätzt. Bei uns gilt sie als ausgefallene Beetstaude. Das Farbspektrum der Blüten reicht von rosa bis scharlachrot. Das Aroma kann bergamotteähnlich sein oder an eine Mischung aus Minze und Kampfer erinnern. Die Blütenstände und oberen Blätter ergeben einen erfrischenden Teeaufguss.

➔ Die Indianernessel ist eine anspruchslose, winterharte Pflanze, die nach der Blüte zurückgeschnitten wird.

Die Indianernessel blüht kräftig purpurrot.

➔ Die mehrjährigen Pflanzen können Sie teilen oder über Ausläufer vermehren. Die Art ist anfällig gegenüber Mehltau. Achten Sie auf mehltautolerante Sorten wie 'Marshall's Delight'.

➔ Die einjährige 'Lemonmint' (*Monarda citriodora*) hat ein würziges Zitronenaroma. Sie wird jedes Jahr neu gesät.

Säuerliche Tripmadam

Heute schmückt die Tripmadam oder Felsen-Fetthenne (*Sedum reflexum*) nur noch Steingärten, doch bis in die 1930er-Jahre war sie vom Speiseplan nicht wegzudenken. Der Name kommt wahrscheinlich

Wermut mit seinen kleinen gelblichen Blüten.

Schattenliebender Waldmeister

Waldmeister (*Galium odoratum*) ist das Maikraut schlechthin. Als Waldpflanze mag er schattige und halbschattige Standorte. Die Blätter verströmen einen angenehmen Duft nach Heu. Sobald Waldmeister geschnitten wird, werden die duftenden Kumarine freigesetzt. Die Stängel werden vor der Blütezeit kurz über dem Boden abgeschnitten. Aus den getrockneten Blättern können Sie sich einen Waldmeistertee aufgießen, der bei Schlafstörungen hilft.

Da eine Aussaat schwierig ist, sollten Sie eine oder zwei Pflanzen kaufen.

■ **Achtung:** Die Kumarine im Waldmeister sind giftig. Bei einer bescheidenen Balkonernte besteht keine Gefahr, zu viel davon zu verzehren. Ein übermäßiger Genuss, etwa durch zu viel Waldmeisterbowle, kann zu Kopfschmerzen führen – und das nicht wegen des Alkohols! Pro Liter Flüssigkeit dürfen maximal 3 g Waldmeisterkraut genommen werden.

von dem französischen „Trique-madame", was soviel bedeutet wie „Frau mit dem Knüppel". Die fleischigen Blätter schmecken leicht säuerlich und passen zu Salaten, Quark oder Suppen. Die Blätter werden immer frisch verwendet. Ganz oder gehackt werden sie nur kurz mitgegart oder können roh verzehrt werden. Die Pflanzen sind anspruchslos und kommen mit wenig Platz und Licht aus, sie vertragen aber auch Vollsonne. In einer Gärtnerei werden Sie die Pflanzen in der Steingartenabteilung finden. Eine pfeffrig scharfe Note bringen Scharfer Mauerpfeffer (*Sedum acre*) und abgeschwächt der Milde Mauerpfeffer (*S. sexangulare*) in die Speisen – eine interessante Alternative zum Pfeffer.

Maibowle

Ein Sträußchen Waldmeister mit kaltem Wasser abspülen und in eine Bowleschüssel legen. Übergießen Sie den Waldmeister mit zwei bis drei Flaschen Weißwein und lassen Sie das Ganze etwa 20 Minuten zugedeckt ziehen. Nehmen Sie den Waldmeister heraus und füllen Sie mit einer Flasche Sekt auf. Nach Belieben kann mit Zucker oder Honig gesüßt werden.

Kräuter mal anders genießen

Kräuter schmecken nicht langweilig. Und genauso müssen Kräuter nicht immer nur grün sein. Es gibt rote, goldene und panaschierte Auslesen. Staunen Sie, wie bunt und abwechslungsreich ein Kräuterbalkon sein kann! Und die bunten Formen schmecken genauso würzig wie ihre grünblättrigen Verwandten.

Weiß & Gelb

Panaschierte Sorten kleiden sich mit einem gelben oder weißen Rand.
- ■ **Der Zitronen-Thymian** (*Thymus citriodorus*) zeigt beide Formen: mit weißem Rand ('Variegatus') und mit gelbem Rand ('Aureus'). Meist ist die grüne Ausgangsart gar nicht erhältlich.
- ■ **Bunter Gewürz-Salbei** (*Salvia officinalis*) kommt sogar dreifarbig daher: Die Sorte 'Tricolor' hat einen cremig weißen Rand und beim Austrieb einen rosafarbenen Schimmer.
- ■ **Abwechslung** bringen die weißrandige Ananas-Minze (*Mentha suaveolens* 'Variegata') und die gelbbunte Ingwer-Minze (*Mentha gentilis* 'Variegata') in den Minzekasten.
- ■ **Die Sorte 'Variegatum'** der Zitronen-Melisse (*Melissa officinalis*) hat eine zarte gelbgrüne Scheckung.
- ■ **'Aurea'-Sorten** haben vollständig goldene Blätter. Diese Goldfärbung gibt es bei Oregano (*Origanum vulgare* 'Aureum') und bei der Zitronen-Melisse 'Aurea'.

Rot & Grau

In roten Blättern überlagert der rote Farbstoff, das Anthozyan, den grünen Farbstoff, das Chlorophyll, so dass eine fast purpurne Blattfärbung erreicht wird.
- ■ **Rote Blätter** haben Gewürz-Salbei 'Purpurascens', die Basilikum-Sorten *Ocimum basilicum* 'Osmin', 'Rubin' und 'African Blue', die Rote Perilla

Heiligenkraut hat feine, graue Blättchen.

(*Perilla frutescens*) und die Garten-Melde *Atriplex hortensis* 'Rubra'.
- ■ **Rot gescheckte Blätter** hat die Basilikum-Sorte 'Ararat'. Der Blut-Ampfer (*Rumex sanguineus* var. *sanguineus*) hat blutrot gefärbte Blattadern.
- ■ **Eine bronzefarbene Tönung** bringt der Bronze-Fenchel (*Foeniculum vulgare* var. *rubrum*) auf den Balkon.
- ■ **Hellgraues bis grüngraues Laub** haben Gewürz-Salbei, Wermut (*Artemisia absinthium*) und seine Verwandten, Currykraut (*Helichrysum italicum*) und Lavendel (*Lavandula angustifolia*).

Filigran & grob

- ■ **Feine, filigrane Blättchen**, die fast an eine Wolke erinnern, hat Fenchel. Die Eberraute (*Artemisia abrotanum*) hat feine, weiche Blättchen, das Heiligenkraut (*Santolina chamaecyparissus*) fein überpuderte Blättchen.
- ■ **Stark gekrauste Blattränder** haben die 'Ruffles'-Sorten von Basilikum wie 'Purple Ruffles' und 'Green Ruffles'.

Salbei-Sorten 'Icterina', 'Purpurascens' und 'Tricolor'.

■ **Große Blätter mit einer groben Struktur** haben Salbei und Borretsch (*Borago officinalis*). Besonders der Dalmatinische Salbei (*Salvia officinalis* subsp. *major*) hat sehr große, graugrüne Blätter. Der Frucht-Salbei (*Salvia dorisiana*) hat große, weiche, herzförmige Blätter.

■ **Aufrechte, grasartige Blätter** haben Schnittlauch (*Allium schoenoprasum*), Schnittknoblauch (*Allium tuberosum*), Zimmerknoblauch (*Tulbaghia violacea*) und Zitronengras (*Cymbopogon citratus, C. nardus, C. martinii*).

Schöne Blüten

Wenn Sie es zulassen, werden die Kräuter Sie mit einer üppigen Blüte beglücken, die selbst Sommerblumen in den Schatten stellt.

■ **Blaue oder lilafarbene Blüten** haben Borretsch, Türkischer Drachenkopf (*Dracocephalum moldavica*), Salbei, Lavendel und Duftnessel (*Agastache* spec.).

■ **Rosafarbene Blüten** bringen Duft-Pelargonien (*Pelargonium* spec.), Thymian (*Thymus vulgaris*), Bohnenkraut (*Satureja hortensis*), Rosmarin (*Rosmarinus officinalis*) und Schnittlauch hervor.

■ **Rote Blüten** liefern Frucht-Salbei und Indianernessel (*Monarda didyma*).

■ **Weiße Blüten** haben Duft-Pelargonien, Schnittknoblauch und weißblühende Auslesen von Lavendel, Borretsch und Drachenkopf.

■ **Gelbe und orangefarbene Blüten** zieren das Heiligenkraut, Wermut, Currykraut, Tripmadam (*Sedum reflexum*), Ringelblume (*Calendula officinalis*) und Gewürztagetes (*Tagetes tenuifolia*).

Schnupperkurs auf Balkonien

Viele Kräuter duften angenehm würzig. Platzieren Sie verschiedene duftende Kräuter dort auf dem Balkon, wo Sie sich gerne aufhalten. Streicheln Sie den Thymian, reiben Sie ein Blättchen von der Duft-Pelargonie oder kauen Sie ein Minzeblättchen. Wenn Sie mehrere Duftpflanzen zusammen in ein Gefäß stellen wollen, achten Sie darauf, dass sie nicht nur in der Pflege, sondern auch im Duft miteinander harmonieren.

Salbei mit fruchtiger Note

Wer genau hinriecht, entdeckt, dass der Gewürz-Salbei (*Salvia officinalis*) eine leicht fruchtige Note hat. Doch andere Salbei-Arten gehen noch einen Schritt weiter: Sie duften richtig fruchtig nach Ananas wie der Ananas-Salbei (*Salvia rutilans*) oder frisch nach Limone wie der Limonen-Salbei (*Salvia lemonii*). Sie duften nach Guaven (*Salvia dorisiana*, *S. darcyi*), nach reifen Honigmelonen (*S. elegans*) oder nach leckeren Pfirsichen (*S. gregii*).

Die verschiedenen Arten des Frucht-Salbeis werden im Allgemeinen viel größer als der Gewürz-Salbei. Sie können so wüchsig sein, dass sie regelmäßig im Frühjahr zurückgeschnitten werden sollten. Sie bevorzugen ein halbschattiges Plätzchen und brauchen einen warmen Stand, viel Wasser und viel Dünger. Da sie nicht frostfest sind, werden sie kühl überwintert. Ab Ende Mai kann man sie wieder auf den Balkon stellen.

Im Spätsommer oder Herbst tragen die Sträucher viele rosafarbene bis rote Blüten. Aus Blättern und Blüten können Tees gebrüht werden. Sie eignen sich besonders gut für Teemischungen. Die fruchtige Note passt zu Konfitüre und vielen Süßspeisen.

Duft-Pelargonien

Duft-Pelargonien sehen den Balkongeranien sehr ähnlich, nur sind bei ersteren die Blü-

Ananas-Salbei duftet namensgemäß fruchtig nach Ananas.

ten kleiner. Seien Sie also nicht enttäuscht, wenn Sie die Blüten nicht überragend finden. Dafür sind die Blätter ein absoluter Hingucker und Nasenschmeichler. Der Duft liegt in den Blättern. Wer über sie streicht oder leicht reibt, wird sofort mit einer Duftwolke belohnt. Duft-Pelargonien entwickeln ihre ätherischen Öle besonders gut an einem sonnigen Standort. Sie vertragen Trockenheit, dürfen aber nicht austrocknen. Düngen Sie nur sparsam.

→ Zitronenduft bringen *Pelargonium × citrosum* 'Prince of Oranges', 'Lemon Fancy' und *P. crispum* 'Queen of Lemons'. Kräftig oder fein nach Rose duften *P. capitatum* 'Attar of Roses' und *P. × graveolens*. Seltenere

Die Blätter der Duft-Pelargonien sind auffälliger als die Blüten.

Minztöne bringt *P. tomentosum* ins Spiel. Die Sorte 'Chocolate Peppermint' steuert zudem noch eine feine Schokoladennuance bei. Machen Sie vor dem Kauf einen Dufttest!

Duft-Pelargonien können überall da eingesetzt werden, wo ein fruchtiger Duft erwünscht ist. Aromatisieren Sie Konfitüren, Sirups, Bowlen, Gebäck und andere Süßspeisen mit den klein geschnittenen Blättern. Probieren Sie die Muskat-Pelargonie (*P. × fragrans*) als Würze an herzhaften Gerichten. Auch in Teemischungen können die Duft-Pelargonien verwendet werden. Weniger Probierfreudige können die Blätter auch in Potpourris, als Badezusatz oder für ein Gesichtsdampfbad verwenden.

→ Die frostempfindlichen Pflanzen werden hell und kühl überwintert. Sie vertragen es aber auch, wenn man sie in einem warmen Zimmer am Fenster überwintert. Topfen Sie die Geranien im Frühjahr um und

stellen Sie sie ab Mai auf den Balkon. Schneiden Sie die Triebe regelmäßig um die Hälfte zurück, wenn sie zu lang werden.

→ Geerntet werden Blätter und Blüten, obwohl nur die Blätter duften. Bei einem Rückschnitt fallen besonders viele Blätter an, die entweder frisch verwendet oder getrocknet werden können.

Vanilleduft

Die Vanilleblume (*Heliotropium arborescens*) duftet wunderbar warm nach Vanille. Im Gartenhandel findet man hauptsächlich die lilablühende Form. Es gibt auch hellblaue und weißblühende Sorten. Die Blüten eignen sich frisch zum Aromatisieren von Süßspeisen und getrocknet für Potpourris. Die Pflanzen können hell und kühl oder warm überwintert werden. Sie vertragen auch einen kräftigen Rückschnitt.

Kräutergärten en miniature

Es ist ganz einfach, Kräuter platzsparend auf dem Balkon anzubauen. Alle Lieblingskräuter werden in einen großen Kasten oder Kübel zusammengepflanzt. Das sieht nicht nur schön aus, sondern ist auch ein Genuss für die Nase.

Pflanztipps

Bei dem Kräuterdurcheinander sind einige Dinge zu beachten, damit Sie lange Freude an Ihrem Miniatur-Kräutergarten haben: Pflanzen Sie nur Kräuter zusammen, die ähnliche Bedürfnisse haben. So passen alle mediterranen, sonnenhungrigen Kräuter wie Rosmarin, Thymian, Salbei und Oregano gut in einen Kasten. Basilikum ist dagegen besser

mit Dill, Petersilie und Schnittlauch in einem Kasten aufgehoben. Alle Minze-Arten sind Einzelgänger und würden andere Kräuter schnell überwuchern. Daher bekommen sie ihren eigenen Topf oder Kasten. Verlangen Ihre Lieblingskräuter verschiedene Gießrhythmen, können Sie auch jedem einen eigenen Topf geben und diese zusammen in eine große Spanholzkiste stellen.

Balkonrezepte von klassisch bis asiatisch

■ **Klassischer Kräuter-Mix:** Sie benötigen auf 60 cm Kastenlänge je zwei Pflanzen Schnittlauch und Dill, die in die Mitte des Kastens gesetzt werden. Vier Pflanzen Petersilie und

drei Pflanzen Basilikum werden an den Rand gruppiert. Vor Schnittlauch und Dill können Sie noch Kapuzinerkressesamen im Abstand von 10 cm säen.

■ **Mediterranes Ensemble:** Hier benötigen Sie für eine Kastenlänge von 60 cm einen Rosmarin, zwei Salbei, einen Thymian, einen Zitronen-Thymian, einen Oregano und einen Majoran. Rosmarin und Salbei werden in die Mitte des Kastens gesetzt. An den Rand kommen leicht schräg gepflanzt Thymian, Oregano und Majoran.

■ **Für asiatische Geschmacksnoten** brauchen Sie für einen 60 cm langen Kasten eine Chili-Pflanze, zwei Blatt-Koriander, einen Schnittknoblauch, ein Currykraut und zwei Pflanzen

Kleine Wichtel sind in diesem Kräuterkasten unterwegs.

Duft-Pelargonien und Kapuzinerkresse sind das „Dreamteam" auf Balkonien.

glatte Petersilie. Setzen Sie Chili, Schnittknoblauch und Currykraut in die Mitte des Kastens. An den Rand kommen Koriander und Petersilie. Sie können auch noch zwei gefüllte Ringelblumen an den Rand säen.

■ **Für einen Kasten mit essbaren Blüten** können Sie eine Samenmischung kaufen und aussäen oder gezielt die gewünschten Pflanzen setzen. Rankende oder Zwerg-Kapuzinerkresse passt gut an den Rand, der große Borretsch und die Ringelblumen besser in die Mitte des Kastens.

■ **Bei der Kombination** eines Duft-kastens ist sprichwörtlicher „Spür-sinn" gefragt. Welche Düfte vertragen sich, welche nicht? Lavendel verträgt sich zum Beispiel gut mit Rosmarin. Duft-Pelargonien vertragen sich ebenfalls untereinander. Für die fehlende Blütenschau bei diesen Blattpflanzen kann Kapuzinerkresse gesät werden. Ansonsten sollten Sie die Duftpflanzen in Einzeltöpfen gruppieren und auf ihre Kombinationsfähigkeit testen.

■ **Für einen Hanging Basket** benötigen Sie sechs Kräuter nach Wahl für

die obere Öffnung und noch einmal sieben für die Seiten. Besonders gut geeignet sind Petersilie, Basilikum, Zitronen-Melisse, Kapuzinerkresse, Salbei, Rosmarin, Duft-Pelargonien, Thymian und Majoran. Versuchen Sie verschiedene Blattfarben zu kombinieren. Zuerst werden die seitlichen Öffnungen bepflanzt und danach die obere Öffnung.

■ **Für einen Thymian-Mix** setzen Sie verschiedene panaschierte Formen des Zitronen-Thymians ('Variegatus' und 'Aureus') mit grünblättrigem Thymian in einen Topf.

Kräuter auf Balkonien

fen. Die Kräuter sollten kräftig und frei von Schädlingen sein, das heißt, keine gelben oder stark beschädigten Blätter haben. Der Topfballen sollte weder ausgetrocknet noch zu nass sein. Die Pflanzen müssen auf jeden Fall in größere Töpfe gesetzt werden, da ihnen die Verkaufstöpfe viel zu klein geworden sind. Die Töpfe sollten mindestens 15 cm im Durchmesser messen oder bei größeren Pflanzen 5 cm größer als der alte Topf sein.

Bedenken Sie, dass Sie von Kräutern wie Dill, Basilikum und Koriander größere Mengen für Ihre Kräuterküche verbrauchen werden. Planen Sie also lieber gleich einen Kasten voll ein statt nur einen Topf! Kräuter wie Lorbeer und Liebstöckel braucht man dagegen eher seltener und ein Topf ist ausreichend.

Kräuter fühlen sich in Töpfen pudelwohl und können nach Belieben arrangiert werden.

Kräuter sind bis auf einige Ausnahmen Sonnenanbeter. Bieten Sie ihnen also den sonnigsten Platz an, den es auf Ihrem Balkon gibt. Probieren Sie sich einfach durch das Kräutersortiment! Ausgefallene Kräuter gibt es als Samen oder sogar als Jungpflanzen in Spezialbetrieben zu kaufen.

Kräuter in Töpfen

Einjährige Kräuter wie Dill und Basilikum werden jedes Jahr neu ausgesät. Mehrjährige Kräuter wie Rosmarin, Thymian und Lorbeer sollten Sie besser als Topfpflanzen kaufen, da eine Anzucht aus Samen kompliziert ist. Im Frühjahr und Sommer gibt es eine große Auswahl an Kräutern in Töpfen zu kau-

Pflegetipps

→ Eine Grundregel lautet, dass es Kräuter lieber zu trocken mögen als zu nass. Trotzdem darf die Erde nicht so weit austrocknen, dass sie sich vom Topfrand löst. Um zu verhindern, dass mediterrane Kräuter zu nass stehen, kann man die Erde mit Sand oder Kies durchlässiger machen. So läuft das Wasser immer gut ab und die Wurzeln bekommen Luft.

→ Die zweite Regel lautet: Kräuter, die zu oft gedüngt werden, verlieren an Aroma. Einjährige Kräuter werden in der Regel nicht gedüngt. Zeigen sie jedoch Mangelerscheinungen wie Blattvergilbungen, werden sie gedüngt. Mehrjährige Kräuter werden alle sechs Wochen mit der Hälfte der norma-

len Dosierung eines Volldüngers oder nach Dosierungsanleitung mit einem Kräuterdünger versorgt.
→ Eine Ausnahme ist die Brunnenkresse. Sie wird nicht gedüngt und das Wasser sollte immer 1–2 cm über der Erde stehen, um den natürlichen Lebensraum zu simulieren.
→ Mehrjährige winterharte Kräuter wie Zitronen-Melisse und Minze können auf dem Balkon, frostempfindliche Kräuter wie Lorbeer oder Rosmarin besser in einem kühlen, hellen Raum überwintert werden.

Kräuterernte

Während des Sommers können Sie Ihren Kräuterbedarf laufend mit frischen jungen Trieben und Blättern decken. Schneiden Sie ganze Triebe auf etwa zwei Blattpaare mit einer Schere oder einem scharfen Messer zurück. Die Kräuter vor dem Verzehr abwaschen und auf Küchenpapier abtrocknen. Für kurze Zeit können Kräuter in einem Gefrierbeutel im Gemüsefach oder in einem Wasserglas aufbewahrt werden. Zum Trocknen werden die meisten Kräuter

kurz vor der Blüte geerntet, da der Anteil an ätherischen Ölen jetzt am höchsten ist. Eine Ausnahme sind Lavendel, Thymian und Oregano, sie werden während der Blüte geerntet.

Kräuter in Form bringen

Ein gezielter Rückschnitt fördert den Neuaustrieb. Dabei kann das Schnittgut im Sommer getrocknet oder frisch weiterverwendet werden.
■ **Im Frühling** sollte man bei Mehrjährigen, deren Triebe im Winter abfrieren, etwa bei Minze und Melisse, alle abgestorbenen Pflanzenteile entfernen. Bei Kräutern aus dem Winterquartier wie Zitronenverbene werden alle Triebe um ein Drittel zurückgeschnitten.
■ **Im Sommer** werden Lavendel und Salbei nach der Blüte zurückgeschnitten. Doch Vorsicht, schneiden Sie nicht zu tief ins alte Holz, sonst treiben die Kräuter nicht wieder aus. Besser regelmäßig stutzen, so bleiben die Sträucher kompakt. Beim sommerlichen Rückschnitt werden auch kranke oder schwachwachsende Triebe entfernt.

Ungebetene Gäste

Wenn an Ihren Pflanzen grün, gelb, schwarz oder rötlich-braun gefärbte Blattläuse auf den Blattunterseiten oder an den Trieben sitzen, hilft nur eines: Gehen Sie Blattläuse ernten! Nehmen Sie eine Schüssel oder einen Topfuntersetzer und halten Sie dieses Gefäß unter den befallenen Trieb. Streifen oder schütteln Sie nun vorsichtig die Blattläuse ab, so dass sie in das Gefäß fallen. Sie können die befallenen Triebe auch in ein Glas Wasser halten und leicht bewegen, damit die Läuse abgespült werden. Mobilere Töpfe können auch eine Dusche in der Badewanne bekommen. Stark beschädigte Pflanzenteile werden zurückgeschnitten.

Aus eins mach' zwei

Einige Kräuter hätten Sie gern doppelt oder dreifach? Das ist kein Problem. Mit folgenden Tipps können Sie aus einem Kräutertopf zwei machen.
Am einfachsten geht das mit bereits bewurzelten Ausläufern von Minzen oder durch das Teilen eines Wurzelstockes. Zu sehr vielen Pflanzen kommen Sie, wenn Sie im Herbst die Samen von Kapuzinerkresse, Studentenblumen, Ringelblumen und Dill sammeln. Etwas komplizierter ist das Bewurzeln von Stecklingen. Diese Methode funktioniert aber bei fast allen Kräutern.

Samen & Körner

Einjährige Kräuter wie Dill können schon ab April, kälteempfindliche Kräuter wie Basilikum erst ab Mitte Mai ausgesät werden. Achten Sie bei der Aussaat darauf, dass Lichtkeimer wie Estragon, Kamille und Basilikum nicht mit Erde abgedeckt werden dürfen. Die Erde sollte immer gut feucht gehalten werden.

Von einigen Kräutern können Sie problemlos Samen sammeln und wieder aussäen. Dazu gehören Drachenkopf, Ringelblume und Gewürztagetes. Von Dill heißt es sogar, dass die Samen, die von der Pflanze fallen, am besten keimen. Andere Samenkräuter baut man ja extra wegen der Samen an, wie Fenchel und Koriander. Bei den Doldenblütlern sollten Sie die Samenstände vorsichtig in Butterbrottüten hängen, damit kein Samen verloren geht. Lagern Sie die Samen in Papiertüten dunkel, kühl und trocken. Vergessen Sie nicht das Beschriften mit Name und Jahr des Sammelns.

Ausläufer & Absenker

Das Prinzip der Vermehrung über Ausläufer oder Kindel kennen Sie von Erdbeerpflanzen, deren „Nachwuchs" sich wie an einer langen Leine entwickelt.

■ **Ausläufer** sind unterirdische oder oberirdische Triebe, die Tochterpflanzen bilden. Die Ausläufer von Minze, Monarde und Estragon werden in einen Topf neben der Mutterpflanze geleitet und festgesteckt. Sobald sie eingewurzelt sind, können sie von der Mutterpflanze getrennt werden. Bereits an der Mutterpflanze bewurzelte Stücke können auch gleich abgetrennt und eingesetzt werden.

■ **Absenker** sind zum Boden geneigte Triebe, die in einen Topf mit Erde umgeleitet und fixiert werden. Bereits verholzte Triebe von Rosmarin, Salbei, Oregano und Thymian werden entlaubt und an der zur Erde geneigten Seite flach angeschnitten. Sobald die Triebe eingewurzelt sind, können sie von der Mutterpflanze getrennt werden.

Viele Kräuter lassen sich gut aussäen.

Teilen

Mit dem Teilen eines Kräutertopfes kommt man sehr schnell zu neuen Kräutertöpfen. Die beste Zeit dafür ist im Frühjahr oder im Herbst.

Besonders gut lassen sich Schnittlauch, Knolauch, Zitronen-Melisse und Minze teilen. Hierzu wird der Wurzelballen aus dem Topf genommen und mit den Händen vorsichtig auseinander genommen oder mit einem scharfen Messer in Teile geschnitten. So erhalten Sie zwei oder mehr Teile, die dann wieder in neue Töpfe gesetzt werden können.

Holzige Kräuter wie Thymian und Rosmarin lassen sich auch teilen, nur muss man das etwas vorsichtiger angehen. Mehrtriebige Pflanzen werden so geteilt, dass jede neue Pflanze genügend eigene Wurzeln hat und am Wurzelstock nicht zu sehr beschädigt wird. Setzen Sie die neuen Pflanzen ein und behandeln Sie sie die nächsten Wochen vorsichtig. Stellen Sie Ihre neu gewonnenen Pflanzen sonnengeschützt auf, am besten mit einer Haube. So können sich die Pflanzen erholen.

Stecklinge

Kräuter lassen sich sehr gut über Stecklinge vermehren. Man unterscheidet zwischen Kopf- und Teilstecklingen.

■ **Kopfstecklinge**: Von einem nicht blühenden Trieb werden die oberen 5–10 cm mit einem scharfen Messer abgetrennt und die unteren Blätter entfernt. Die Stecklinge werden sofort in angefeuchtete Anzuchterde gesteckt und angegossen. Unter einer Haube oder in einem Mini-Gewächshaus entwickeln die Stecklinge Wurzeln. Sobald sie beginnen auszutreiben, können sie abgehärtet werden. Sicherheitshalber werden die jungen Pflanzen auf der Fensterbank überwintert.

■ **Teilstecklinge**: Grüne, aber schon leicht verholzte Triebe werden in Stücke mit ein oder zwei Blattpaaren geteilt. Sonst werden sie genauso behandelt wie Kopfstecklinge.

■ **Alternative zur Erdkultur**: Füllen Sie ein kleines Glas mit Wasser und legen Sie ein Stück Holzkohle hinein. Spannen Sie Klarsichtfolie darüber und befestigen Sie sie mit einem Gummiband. Stechen Sie kleine Löcher in die Folie, damit die Stecklinge Halt finden. Stellen Sie die Gläser in ein Mini-Gewächshaus oder unter eine Tüte. Der Vorteil dieser Methode liegt darin, dass Sie die Bewurzelung verfolgen können. Sobald sich Wurzeln zeigen, können die Stecklinge in Erde gesetzt werden.

Kräuter auf Vorrat

Wenn die Kräuter gut gedeihen und Ihnen eine überreiche Ernte bescheren, finden Sie auf dieser Seite einige Tipps, wie Sie die Fülle mit in den Winter nehmen können. Bei allen Konservierungsmethoden ist es ratsam, die Behältnisse dunkel aufzubewahren und mit Namen und Datum zu beschriften.

Getrocknete Kräuter

Die traditionellste Art Kräuter zu konservieren ist das Trocknen. Zu Sträußchen gebündelte Kräuter werden an einem luftigen Ort ohne direkte Sonne zum Trocknen aufgehängt. Sie können die Triebe oder Blätter aber auch nebeneinander auf einem Backblech oder einem Tablett trocknen. Stellen Sie die Kräuter am besten auf einen hohen Schrank,

Kräutersirup

1 l Wasser und 1,5 kg Zucker werden aufgekocht, bis sich der Zucker aufgelöst hat. Die heiße Zuckerlösung gießt man über 200 g frische Kräuter wie Basilikum, Minze oder Melisse. Der Ansatz sollte ein bis zwei Tage an einem warmen Ort abgedeckt ziehen. Danach wird der Ansatz abgefiltert und in Flaschen abgefüllt. Im Kühlschrank hält sich der Sirup ungeöffnet etwa ein Jahr, angebrochen einen Monat.

denn in dieser Höhe ist es wärmer und der Trocknungsprozess wird beschleunigt. Noch schneller geht's im Backofen: Kräuter 24 Stunden an der Luft vortrocknen, dann bei 30°C und leicht geöffneter Ofentür weitertrocknen. Kleinere Mengen können in der Mikrowelle bei 600 W für 2–3 Minuten auf einem Teller getrocknet werden. Die Kräuter sind trocken, wenn sie zwischen den Fingern zerbröseln. Die trockenen Pflanzenteile sollten nicht grau oder braun verfärbt sein, denn dann sind sie zu heiß oder zu lange getrocknet worden und haben dabei ihre Wirkstoffe und Ihr Aroma verloren. Getrocknete Kräuter

in verschließbaren Gläsern an einem dunklen Ort trocken und kühl aufbewahren.

■ **Für ein selbstgemachtes Kräutersalz** vermischen Sie 20–30 g getrocknete Kräuter (pur oder als Mix) und 200 g grobes Meersalz. Füllen Sie die Mischung in eine Salzmühle.

Kräuter im Kälteschlaf

Die Würzkraft getrockneter Kräuter ist bekanntlich geringer als die von frischen Kräutern. Frieren Sie darum auch kleinere Mengen getrennt oder als Kräutermischung ein. Gehackte Kräuter und Wasser oder Brühe werden in einen Eiswürfelbereiter gefüllt und tiefgefroren. Nach dem Gefrieren können die Kräutereiswürfel in Gefrierbeutel verpackt werden. Solche Kräuterwürfel eignen sich gut für Suppen und Soßen. Sie können die Kräuter aber auch ganz oder gehackt ohne Wasser in kleinen Schachteln einfrieren.

Aroma in Flaschen

Frische Kräuter und Gewürze können aus einem einfachen Essig einen aromatischen Kräuteressig machen. Kräuter, Blüten, Früchte oder Gewürze werden in ein sauberes Einmachglas gefüllt und mit Essig oder Öl aufgegossen. Nach zwei Wochen an einen sonnigen Ort und täglichem Schütteln kann der Essig oder das Öl in eine saubere Flasche abgefiltert werden. Geben Sie noch frische Kräuter zur Dekoration hinein. An einem kühlen, dunklen Ort hält sich das Selbstgemachte etwa sechs Monate. Nehmen Sie die Dekokräuter aus dem Kräuteröl, wenn dieses sie nicht mehr bedeckt. Sie können sonst anfangen zu schimmeln.

■ **Für ein leckeres Kräuteröl** benötigen Sie je zwei Stängel Thymian, Rosmarin, Salbei, zwei in Scheiben geschnittene Knoblauchzehen, 2 TL Pfeffer und 1 l Olivenöl.

Getrocknete Kräuter sollten kühl, trocken und dunkel aufbewahrt werden – hier ein wahres „Schatzkästchen"
an Kräutern.

Gesunde Pflanzen

Regelmäßige Kontrolle

Plagegeister an Pflanzen sicher zu erkennen, ist schon der erste Schritt zur erfolgreichen Bekämpfung. Überprüfen Sie Ihre Pflanzen regelmäßig auf Schädigungen. Fraßschäden werden meist von Käfern oder Raupen verursacht. Blätter zeigen Löcher oder sind in ihrer Blattfläche dezimiert. Punktförmige Verfärbungen und klebrige, glänzende Flecken auf Blättern sind ein Hinweis auf saugende Insekten. Schauen Sie auch auf die Blattunterseite, dort fühlen sich Blattläuse, Weiße Fliege und Spinnmilben wohl. Weiße Fliegen flattern bei kleinsten Bewegungen der Blätter auf. Unterschiedlich gefärbte, klar umgrenzte Flecken, weiße, mehlige Beläge und braune oder orangefarbene Pusteln auf Blättern werden durch Schadpilze hervorgerufen. Kirschfruchtfliege, Apfelwickler & Co. bohren Löcher in Früchte, durch die sich die als „Maden" bezeichneten Larven fressen. Schäden können aber auch durch Pflegefehler oder Wettererscheinungen wie starke Sonneneinstrahlung oder Hagelschlag bewirkt werden.

→ Gelbtafeln mit Leim fangen fliegende Schädlinge wie Blattläuse, Weiße Fliege und Minierfliegen ab und erleichtern die Kontrolle. Sie können in die Pflanzen gehängt oder auf Stäbe gesteckt werden.

Schäden vorbeugen

Damit Kübelpflanzen gesund bleiben, müssen sie ausreichend gewässert und bedarfsgerecht gedüngt werden. Stellen Sie die Töpfe nicht zu dicht auf, damit die Luft gut zirkulieren kann. Achten Sie beim Kauf von Obst- und Gemüsepflanzen auf mehltautolerante bzw. -resistente Sorten. Nützlinge wie Marienkäfer und Schwebfliegen siedeln sich meist von selbst an. Sie können aber auch im Gartenversand bestellt werden.

■ **Mischkultur**: Bevorzugen Sie das muntere Durcheinander. Setzen Sie aber nicht zu viele Pflanzen einer Familie wie Tomaten, Auberginen und Paprika (Nachtschattengewächse), Gurken, Zucchini und Kürbis (Kürbisgewächse) oder Kohlpflanzen zusammen. Stark duftende Pflanzen wie Lavendel, Heliotrop, Bohnenkraut oder Studentenblumen halten Schädlinge fern.

■ **Kräutersud zur Stärkung**: 100 g frische oder 20 g getrocknete Blätter werden mit 1 l kochendem Wasser aufgegossen. Nach dem Erkalten abseihen und im Verhältnis 1:1 mit Wasser verdünnen. Nährstoffbedürftige

Aus einigen Kräutern können Sie wirksame Spritzbrühen herstellen.

Auf einen Blick Schädlinge erkennen

Schadbild	Verursacher	Bekämpfung
Verkrüppelte, klebrige Blätter und Triebe	Blattläuse	Abstreifen, Abspülen, Rückschnitt, Seifenlauge, Nützlinge
Gespinste an Blättern und Trieben, helle Punkte auf Blättern	Spinnmilben	Befallene Pflanzenteile entfernen, Wasser vernebeln, Knoblauchtee
Fraßstellen an Blättern	Raupen	Raupen absammeln
Weiße Fliegen und Larven auf Blattunterseite, helle Punkte auf Blättern	Weiße Fliege	Morgens mit Seifenlauge besprühen oder zerdrücken
Blätter mit hellen oder dunklen Schlangenlinien	Minierfliegen	Larven am Gangende zerdrücken, stark befallene Blätter entfernen
Weißer, mehliger Belag auf allen Pflanzenteilen	Echter Mehltau	Befallene Pflanzenteile entfernen, Knoblauch und Acker-Schachtelhalm einsetzen
Kleine schwarze Fliegen	Trauermücken	Gelbtafeln
Helle und dunkle Punkte auf Blättern	Thripse	Blautafeln

Pflanzen unverdünnt gießen. Gut geeignet sind Lavendel, Brennnessel, Schachtelhalm, Knoblauch und Tomatenblätter.

Gezielt bekämpfen

Nehmen die Schädlinge überhand, muss gezielt bekämpft werden. Geeignete Spritzbrühen können ohne Aufwand zu Hause hergestellt werden. Die Zutaten gibt es im Supermarkt, im Reformhaus oder in der Apotheke. Soweit nicht anders angegeben, werden die Mittel unverdünnt mit einer Sprühflasche im Abstand von 2–3 Tagen auf die betroffenen Pflanzen gesprüht.

■ **Schmierseifenlösung**: Für eine 2%ige Lösung etwa 20 g bzw. 20 ml Schmierseife in 1 l heißem Wasser auflösen und abkühlen lassen. Als Zusatz in anderen Brühen sorgt sie für eine bessere Haftung des Pflanzenschutzmittels auf den Blättern.

■ **Brühe vom Acker-Schachtelhalm**: 5 g getrockneten Acker-Schachtelhalm in ½ l kaltem Wasser 24 Stunden einweichen, mit dem Einweichwasser eine halbe Stunde abgedeckt köcheln und abkühlen lassen, abseihen und 1:5 mit kaltem Wasser verdünnen.

■ **Knoblauchtee**: Etwa 1 TL gehackten Knoblauch (oder Zwiebeln) mit ½ l kochendem Wasser wie bei einem Teeaufguss aufbrühen, abgedeckt 10 Minuten ziehen lassen, abseihen und abkühlen lassen.

Wenn nichts anderes mehr hilft

Die Anwendung von chemischen Pflanzenschutzmitteln auf Balkonen und im Hausgebrauch ist sehr eingeschränkt. Pflanzen, die zum Verzehr bestimmt sind, sollten grundsätzlich nicht mit chemischen Präparaten behandelt werden. Manche Krankheiten, zum Beispiel an Obstgehölzen, lassen sich aber nur mit Chemie bekämpfen, wenn die Pflanze erhalten werden soll. Vorbeugende Maßnahmen sind der Chemie jedoch immer vorzuziehen!

→ Verwenden Sie nur im äußersten Fall chemische Mittel und lassen Sie sich vorher fachkundig beraten. Dazu helfen Ihnen die Mitarbeiter im Pflanzen- oder Gartenfachhandel sowie die örtlichen Pflanzenschutzdienste weiter.

→ Halten Sie die Pflanzenschutzmittel und die chemisch behandelten Pflanzen außerhalb der Reichweite von Haustieren und Kindern.

Obstgenuss

Etwas Obst passt auf jeden Balkon! Probieren Sie unbedingt die Monats-Erdbeeren aus. Sie werden erstaunt sein, wie aromatisch diese selbstgepflückten Früchtchen sein können. Johannisbeeren und Ballerina-Apfelbäume im Kübel schüren die Erwartung auf die erste eigene Obsternte. Sobald die Früchte reif sind, können sie vernascht werden. Kumquats und Pepinos verbreiten Urlaubsstimmung.

Süße Erdbeeren

Erdbeeren gedeihen nicht nur im Garten. Auch auf Balkonien können Sie die süßen Früchtchen leicht kultivieren. Damit Sie auch für einen langen Zeitraum viel Freude mit den Erdbeeren haben, wählen Sie sich aus dem reichhaltigen Angebot in Frühjahr und Herbst am besten Monats-Erdbeeren aus. Diese blühen und fruchten den ganzen Sommer lang. Geerntet wird, wenn die Früchte dunkelrot sind.

Knipsen Sie bei den Monats-Erdbeeren unbedingt die ersten Blütenknospen aus. So können erst einmal viele Ausläufer entstehen, die dann ihrerseits viele Blüten und Früchte hervorbringen.

Garten-Erdbeeren

Die Garten-Erdbeere (*Fragaria × ananassa*) braucht einen sonnigen Platz. Sie blüht und fruchtet nur einmal. Um den ganzen Sommer Erdbeergenuss zu haben, brauchen Sie Sorten mit verschiedenen Reifezeiten. Schon im Juni können Sie frühreifende Sorten wie 'Korona' und 'Kent' beernten. Mit etwas Glück tragen die frühreifenden Sorten im Herbst noch einmal Früchte. Spätreifende Sorten sind 'Senga Sengana', 'Tenira' und 'Florence'.

→ Während bei den Monats-Erdbeeren die Ausläufer erwünscht sind, sollten Sie bei den Garten-Erdbeeren entfernt werden, damit die Pflanze ihre Kraft in möglichst viele Blütenstände steckt.

Erdbeerglück

Im Frühjahr und Herbst bieten viele Gartencenter und Gärtnereien Erdbeerpflanzen an. Kaufen Sie besser im Frühjahr einige Pflanzen, so haben Sie nicht das Problem, sie zu überwintern. Setzen Sie drei bis vier Erdbeeren in einen großen Topf oder Balkonkasten. Pflanzen Sie sie nicht zu tief. Die Herzknospe muss noch leicht aus dem Boden schauen. Geben Sie gleich beim Pflanzen einen Langzeitdünger oder einen speziellen Beerendünger in die Erde. Gießen Sie die Erdbeeren regelmäßig. An besonders heißen, sonnigen Tagen brauchen die Pflanzen einen Son-

Erdbeergeschichte

Die aromatische Wald-Erdbeere wird schon seit Jahrtausenden als Wildfrucht gesammelt. Auch die Römer labten sich regelmäßig an ihr. Die heute so beliebte Garten-Erdbeere entstand zwischen 1714 und 1759 durch spontane Kreuzungen aus der südamerikanischen Chile-Erdbeere (*Fragaria chiloensis*) und der nordamerikanischen Virginischen Erdbeere (*Fragaria virginiana*). Das Kuriose an dieser Kreuzung ist, dass sich die beiden amerikanischen Sippen erst in europäischen Gärten trafen und es so zu einer Vermischung kam, deren Produkt wir heute genießen. Zu Beginn des 20. Jahrhunderts begann in Deutschland eine intensive Erdbeerzüchtung, aus der Sorten wie 'Senga Sengana' und 'Mieze Schindler' hervorgegangen sind, die heute noch sehr beliebt sind.

Immer wieder ernten

Monats-Erdbeeren (*Fragaria vesca* var. *semperflorens*) versorgen Sie den ganzen Sommer mit frischen Früchten. Sie sind kleiner als die Garten-Erdbeeren, aber sehr aromatisch. Sie brauchen einen sonnigen bis halbschattigen Platz. Hänge-Erdbeeren können wie Ampelpflanzen in luftiger Höhe schweben. Die früchtebehangenen Ausläufer hängen dann dekorativ herunter (z.B. 'Ostara', 'Mara de Bois', 'Rimona Hummi'). Die Ausläufer von Kletter-Erdbeeren können an einem Spalier hochgebunden werden. So schaffen Sie besonders auf kleinen Balkonen Platz für noch mehr Erdbeeren! Empfehlenswerte Sorten sind zum Beispiel 'Mountainstar' und 'Hummi'.

nenschutz. Überwintern Sie die Erdbeeren am besten an einem frostgeschützten Platz. Haben Sie kein frostfreies Winterquartier zur Verfügung, können Sie die Erdbeeren auch gut eingepackt an der Hauswand überwintern. Schneiden Sie die Pflanzen bis auf das Herz zurück.

→ Erdbeeren bilden Ausläufer, über die sie auch vermehrt werden können. Leiten Sie einige Ausläufer in Töpfe, die in der Nähe der Mutterpflanze stehen. Befestigen Sie die Triebe mit Büroklammern. Sobald sie angewachsen sind, können sie von der Mutterpflanze getrennt werden.

→ Gelegentlich können bei Erdbeeren Pilzkrankheiten wie Grauschimmel und Echter Mehltau auf-

Besondere Erdbeeren

Wald-Erdbeeren (*Fragaria vesca*) eignen sich gut für schattige Bereiche auf Ihrem Balkon. Die kleinen, aromatischen Früchte schmecken ganz besonders gut und sind eine richtige Delikatesse (z.B. 'Jubilar'). Ganz besonders reizvoll sind die rosa- oder rotblühenden Zier-Erdbeeren wie die Sorte 'Pink Panda'. Sie bringen Abwechslung zu den weißblühenden Erdbeeren und die Früchte können auch noch vernascht werden.

treten. Grauschimmel zeigt sich als dicker, grauer, pelziger Belag auf Blättern und Früchten, während Mehltau einen feinen, weißen, mehlartigen Belag auf Blätter und Früchten verursacht. Befallene Teile bitte sofort entfernen!

Erdbeertürme

Besonders dekorativ sehen Monats-Erdbeeren in sogenannten Erdbeertöpfen aus. Die Erdbeeren werden gleichzeitig mit der Erde in den Topf gebracht. Dafür wird die Erde auf die Höhe des untersten Loches eingefüllt, dann wird das erste Pflänzchen von innen nach außen durch das Loch geschoben. So verfährt man, bis der Topf fertig bepflanzt ist. Anschließend wird gut gewässert.

→ Als Alternative können Sie auch drei verschieden große Töpfe (z.B. Ø 12 cm, 20 cm und 30 cm) ineinander stapeln. Dafür den jeweils kleineren in den zur Hälfte mit Erde befüllten größeren Topf stellen. Ist der Topfturm fertig, können die Erdbeeren versetzt gepflanzt werden.

Süße Erdbeeren im Balkonkasten wachsen direkt in den Mund.

Obst in Kübeln

Obstbäume in großen Kübeln zu kultivieren, ist keine Erfindung unserer Tage, sondern hat schon eine lange Tradition – bestes Beispiel sind die Orangerien. Vor allem der Adel und das reiche Bürgertum ließen sich diese Kostbarkeiten von ihren Gärtnern pflegen. Damals kannte man sogar schon „mobile Obstgärten", die je nach Laune umgestellt werden konnten. Heute sind oft speziell für Kübel gezüchtete Sorten und Baumformen zu erhalten, die den Anbau auf Balkonien vereinfachen.

Pflaumen & Zwetschen

Zur großen Familie der Pflaumen (*Prunus domestica*) werden Echte Pflaume, Zwetschen, Mirabellen und Renekloden gezählt. Sie alle sind anspruchslos. An einem sonnigen bis halbschattigen Platz und mit ausreichenden Wasser- und Düngergaben gedeihen sie gut. Im Winter benötigen sie gelegentlich einen Auslichtungsschnitt. Ab August können die reifen Pflaumen geerntet werden. Achten Sie beim Kauf auf selbstfruchtbare und scharkatolerante bzw. -resistente Sorten!

■ **Echte Pflaumen** haben meist rundliche Früchte und der Stein löst sich schwer vom Fruchtfleisch. Die Fruchtfarbe variiert von gelb ('Ontario-Pflaume') über rosa ('Königin Victoria') bis blau.
■ **Zwetschen**, im Süddeutschen auch Zwetschgen genannt, sind pflaumenblau, länglich und lösen sich gut vom Stein. Die Übergänge zwischen den Echten Pflaumen und den Zwetschen sind fließend. Empfehlenswert sind 'Hauszwetsche' und 'Hanita'.
■ **Mirabellen** wie 'Nancy-Mirabelle' und 'Bellamira (S)' haben kleine, rundliche, gelbe Früchte, die auf der Sonnenseite rot sind. Sie brauchen einen wärmeren Standort als Pflaumen und Zwetschen.
■ **Renekloden** haben runde, grüne bis rote Früchte, deren Stein schwer löst. Sie sind selbststeril und benötigen eine Bestäubersorte, die auch Mirabelle, Pflaume oder Zwetsche sein kann.
■ **Japanische Pflaumen** (*Prunus salicina*) sind vor allem in Asien verbreitet. Ihre Früchte sind herz-

Zwerg-Pfirsich und Apfel-Ballerina sind ideale Balkongäste!

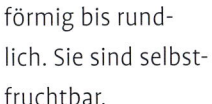

förmig bis rundlich. Sie sind selbstfruchtbar.

→ Häufige Krankheiten und Schädlinge an Pflaumen sind das Scharka-Virus, die Narrentaschenkrankheit, der Pflaumenwickler und Blattläuse.

Süße und saure Kirschen

Bis vor wenigen Jahre war es nur sinnvoll, Sauer-Kirschen in Kübelkultur zu halten, da die meisten Süß-Kirschen eine viel zu ausladende Krone haben. In letzter Zeit gibt es aber immer mehr Süß-Kirschen in Säulenform, die auch in Töpfen gedeihen.

■ **Sauer-Kirschen** (*Prunus cerasus*) wachsen auf sonnigen und halbschattigen Balkonen. Sie fruchten am einjährigen Holz und benötigen daher unbedingt einen Erhaltungsschnitt, damit die Zweige nicht verkahlen. Eine geeignete Sorte ist 'Morellenfeuer'. Die Sorte 'Kobold' wird nur etwa 2 m hoch.

■ **Süß-Kirschen** (*Prunus avium*): Für den Balkon eignen sich Säulenformen wie 'Sylvia' und 'Helena'. Beide sind selbstfruchtbar, haben jedoch einen höheren Fruchtansatz, wenn sie sich gegenseitig befruchten können! Die Zwergform der Süß-Kirsche 'Sunburst' hat eine kleinere Krone.

→ Gelegentlich treten die Pilzkrankheit Monilia und die Kirschfruchtfliege auf. Letztere kann mit Gelbtafeln abgefangen werden. Zweige mit vertrockneten, braunen Blättern sind ein Symptom für Monilia. Schneiden Sie befallene Zweige bis ins gesunde Holz zurück.

Pfirsiche & Aprikosen

Pfirsiche und Aprikosen sind sehr anspruchsvoll. Sie brauchen im Sommer einen warmen, sonnigen und windgeschützten Platz auf dem Balkon. Im Winter werden die abgeernteten Triebe zurückgeschnitten.

→ An Pfirsich kann die Kräuselkrankheit auftreten. Die Blätter sind blasig aufgetrieben und rötlich. Befallene Blätter entfernen. An Aprikosen kann wie bei Kirschen Monilia auftreten.

■ **Pfirsiche** (*Prunus persica*) brauchen besonders während des Fruchtwachstums viel Wasser, sonst bleiben die Früchte klein oder fallen sogar ab. Den Winter verbringen sie am besten in einem kühlen, frostfreien Quartier. Die Früchte sind reif, wenn sie sich weich anfühlen. Die beste Fruchtqualität erreichen Sie, wenn am Pfirsichbäumchen nur etwa alle 10 cm eine Frucht hängt. Die übrigen Früchte werden entfernt, wenn sie ungefähr Kirschengröße erreicht haben.

Wann wird geerntet?

■ **Pflaumen**: Ein runzliger Fruchtstiel zeigt die Erntereife von Pflaumen an. Reife Zwetschen erkennt man daran, dass sich die Stiele leicht von den Ästen lösen lassen. Mirabellen sind vollreif, wenn sie rötliche Punkte bekommen, dann müssen sie aber auch schnell verbraucht werden.

■ **Kirschen**: Sauer-Kirschen sind vollreif, wenn sie schwarzrot sind. Die hier empfohlenen Sorten der Süß-Kirschen sind reif, wenn sie rot sind.

■ **Aprikosen & Pfirsiche**: Die Früchte sind reif, wenn sie ihre typische Farbe angenommen haben und sich weich anfühlen. Vorsichtig ernten, um Druckstellen zu vermeiden!

■ **Äpfel**: Reife Früchte lassen sich leicht am Stiel abdrehen. Ein Schnitt durch den Apfel zeigt braune Kerne.

■ **Birnen**: Wenn sich die Grundfarbe leicht aufhellt, sind die Birnen bald reif. Je nach Sorte probieren, die Früchte werden schnell mehlig!

■ **Aprikosen** (*Prunus armeniaca*) setzen im Frühjahr mit ihrer frühen weißen oder rosafarbenen Blüte ein Highlight. Decken Sie bei Spätfrostgefahr die blühenden Zweige vorsichtig mit einem Jutesack oder Zeitungspapier ab. Zeigen sich nur wenig Blütenbesucher, bestäuben Sie die Blüten mit einem Pinsel am besten selbst.

Ein Apfelbäumchen auf dem Balkon

Wer träumt nicht davon, sein eigenes Apfelbäum-
chen (*Malus domestica*) auf dem Balkon zu haben?
Doch sollte der Traum auch ein bis zwei weitere
Apfelbäumchen vorsehen. Apfelbäume sind nämlich
selbststeril. Sie benötigen eine zweite Sorte zum
Bestäuben, sonst gibt es keinen einzigen Apfel zum
Ernten. Die modernen Säulenfomen von Äpfeln
könnten Sie Ihrem Traum jedoch näher bringen. Sie
sind sehr schlank, nehmen wenig Platz in Anspruch
und sind meist selbstfruchtbar. Doch ist eine zweite
Sorte für einen reichen Fruchtbehang zu empfehlen.
Die Reifezeiten sind je nach Sorte verschieden. Man
unterscheidet hier zwischen frühen (ab August),
mittleren und späten Sorten (ab Oktober). Empfehlenswert ist ein Mix aus frühen und späten Sorten.
Erkundigen Sie sich beim Kauf, welche Sorten wann
reifen und ob sie sich gegenseitig befruchten können. Häufig treten Apfelwickler, Echter Mehltau und
Apfelschorf auf. Achten Sie auf resistente Sorten.

■ **Säulenformen** gibt es zwar nicht in gängigen
Sorten wie 'Elstar', sie sind aber trotzdem schmack-
haft und abwechslungsreich, wie der rotfrüchtige
'Waltz®', der grün-rote 'Bolero®' und der grüne
'Green Fink (S)' beweisen!

■ **Als Spindelbüsche** oder sogar als Zwergbäume
erhält man alle gängigen Apfel-Sorten. Beide werden
auf schwachwachsende Unterlagen veredelt. Sie
brauchen jedoch einen regelmäßigen Schnitt, damit
sie gut Früchte tragen können!

Saftige Birnen

Birnen (*Pyrus communis*) sind in der Kultur dem
Apfel ähnlich, im Wuchs aber stärker. Wer Birnen auf
Balkonien halten möchte, sollte sich auf die Säulenformen von Birnen konzentrieren, da diese besser
in Kübeln wachsen als die auf schwachwachsende
Unterlagen veredelten Bäume. Wie bei den Äpfeln
gilt auch hier, dass ein Sortenmix aus sich befruch-
tenden Sorten am besten ist. Ab August kann das
Erntevergnügen beginnen.
Nashibirnen (*Pyrus pyrifolia*) sind ebenso winterhart
wie die Birnen, schmecken aber etwas süßer als

Auf einen Blick Säulenobst

Obst	Sorte	Eigenschaften
Apfel	'Pomfit', 'Red River'	resistent
Apfel	'Green Fink (S)'	resistent
Apfel	'Bolero®'	selbstfruchtbar
Birne	'Concorde'	selbstfruchtbar
Zwetsche	'Geisenheim Top'	spät reifend
Zwetsche	'Anja'	scharkaresistent
Süß-Kirsche	'Sylvia', 'Helena'	selbstfruchtbar
Stachelbeere	'Hinnonmäki'	mehltauresistent
Brombeere	'Navaho'	dornenlos
Schwarze Johannisbeere	'Titania'	rosttolerant

diese. Im Aussehen ähneln sie eher Äpfeln. Sie benötigen eine Bestäubersorte, die Nashi oder Birne sein kann, solange sich der Blühzeitraum überschneidet.

→ Eine häufige Krankheit ist der Birnengitterrost. Er ist aber kein Problem. Vernichten Sie das Falllaub im Herbst.

Von Ballerinas und Zwergen

Säulenobstbäume oder Ballerinas haben eine spezielle Wuchsform. Sie unterscheiden sich von anderen Obstbäumen dadurch, dass sie eine stark ausgeprägte Mittelachse und eine schwache Seitentriebbildung haben. Die Blüten und Früchte sitzen unmittelbar am Stamm. Die Pflanzen sind so schmal (etwa nur 40 cm breit), dass sie gut auf dem Balkon gezogen werden können. Beachten Sie jedoch, dass Äpfel und Birnen eine zweite Sorte als Bestäubungspartner brauchen, sonst klappt es nicht mit der Ernte. Säulenobst gibt es von allen erdenklichen Arten, seien es Äpfel, Birnen, Zwetschen, Süß-Kirschen, Stachelbeeren, Johannisbeeren oder Kiwis. Die Auswahl ist groß und Sie finden bestimmt das Richtige. Leider gibt es die beliebten und bekannten Sorten nicht als Ballerina-Formen.

■ **Obstzwerge**® sind Sorten, die auf sehr schwachwüchsige Unterlagen veredelt werden. Die Bäumchen werden nicht größer als 1,50 m und sehen wie Miniaturausgaben ihrer großen Verwandten aus. Sie

Obstbäume in Säulenform bilden keine Krone aus und bleiben schlank.

können in einem großen Kübel kultiviert werden. Neben Apfelbäumchen gibt es kleine Birnen, Pflaumen, Kirschen, Pfirsiche und Nektarinen.

■ **Mehrsortenbäume** wurden vermutlich schon im Mittelalter hergestellt. So sparte man in den Klöstern Platz und konnte das Angebot an Obst staffeln. Sogenannte Duo-Obstbäume gibt es mit je zwei Sorten von Süß-Kirschen, Äpfeln oder Birnen.

Beerenstark

Johannisbeerstämmchen können mit Erdbeeren oder Kräutern unterpflanzt werden.

Beerenobst braucht nicht so viel Raum wie Baumobst. An einem sonnigen bis halbschattigen Standort fühlen sich die Beerensträucher wohl. Als Stämmchen können sie sogar mit Kräutern, Erdbeeren oder Sommerblumen unterpflanzt werden.

Johannisbeeren & Stachelbeeren

Johannis- und Stachelbeeren eignen sich gut als Balkonpflanzen. In Stämmchen- oder Säulenform nehmen sie nicht viel Platz weg, liefern aber eine großartige Ernte. An einem sonnigen bis halbschattigen, aber nicht zu heißen Standplatz gedeihen sie gut. Im Winter sollten die Töpfe mit einer Matte umwickelt werden.

■ **Johannisbeeren** (*Ribes rubrum*, *R. nigrum*) unterscheidet man nach ihrer Fruchtfarbe in Rote, Weiße und Schwarze Johannisbeeren. Erstere gibt es häufig als Stämmchen zu kaufen. Letztere eher als Sträucher. Die Weiße Johannisbeere ist eine Unterart der Roten Johannisbeere, die keinen oder nur wenig roten Farbstoff ausbildet. Ab Juni beginnen die Fruchttrauben zu reifen. Geerntet wird, wenn die Einzelfrüchte voll ausgefärbt sind. Am besten mehrmals durchpflücken.

■ **Stachelbeeren** (*Ribes uva-crispa*) gibt es mit roten und grünen Früchten. Vorsicht ist bei der Ernte geboten. Stachelbeeren tragen ihren Namen nicht umsonst, sie haben Stacheln. Suchen Sie deshalb nach stachellosen Sorten wie 'Pax®' und 'Spinefree'. Stachelbeeren werden zweimal beerntet. Dabei dient die erste Ernte der halbreifen Früchte dem Ausdünnen, damit die restlichen Früchte gut ausreifen können. Zuerst geerntete Früchte sind gut zum Kuchenbacken!

→ Eine häufige Krankheit bei Stachelbeeren ist der Amerikanische Stachelbeermehltau, der auf allen Pflanzenteilen einen mehlig-weißen Belag verursacht, der später braun wird. Schneiden Sie befallene Triebe bis in den gesunden Bereich zurück. Achten Sie beim Kauf auf mehltautolerante bzw. -resistente Sorten wie 'Invicta' und 'Hinnomäki'. Die Jostabeere (*Ribes × nidogrolaria*) ist mehltauresistent.

→ Verrieseln: Johannisbeeren neigen dazu, ihre Früchte abzuwerfen, wenn die Bestäubung nicht funktioniert hat. Die Anfälligkeit ist sortenabhängig. Kaufen Sie im Folgejahr bei Auftreten des Verrieselns eine zweite Sorte dazu.

Himbeeren & Brombeeren

Diese beiden werden am besten am Spalier oder an der Balkonbrüstung gezogen. Die fruchttragenden Triebe, die Ruten, werden daran aufgebunden. An einem sonnigen bis halbschattigen Standort gedeihen sie gut. Die Ernte zieht sich über einen langen Zeitraum hin, da nur die reifen, voll ausgefärbten Früchte geerntet werden. Himbeeren und Brombeeren gibt es häufig als Strauch zu kaufen.

■ **Himbeeren** (*Rubus idaeus*) sind Waldpflanzen und lieben einen leicht sauren Boden. Auf dem Balkon erreicht man das mit einer Schicht Rindenmulch. Sorgen Sie auch dafür, dass die Sonne nie über einen längeren Zeitraum direkt auf den Topf scheint. Herbsttragende Sorten wie 'Autumn Bliss' sind robust und tragen viele Früchte an einjährigen Trieben.

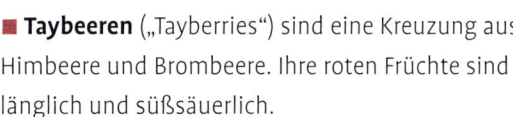

■ **Brombeeren** (*Rubus fruticosus*) haben Dornen, an denen man sich verletzen kann. Achten Sie beim Kauf auf dornenlose Sorten wie 'Thornfree' oder 'Navaho'. Die dunklen Früchte reifen ab Juli.

■ **Taybeeren** („Tayberries") sind eine Kreuzung aus Himbeere und Brombeere. Ihre roten Früchte sind länglich und süßsäuerlich.

→ Die Himbeerrutenkrankheit ist eine pilzliche Erkrankung, die bei ungleichmäßiger Wasserversorgung und zu stickstofflastiger Düngung auftritt. An den Ruten treten zunächst graue, später blauviolette Flecken im Bereich der Blattachseln auf. Die Rinde stirbt ab und die Ruten treiben im kommenden Frühjahr nicht aus. Vorbeugend sollte man nach der Ernte alle abgetragenen und auch die befallenen Ruten entfernen und vernichten.

Blaue Früchte zum Vernaschen

■ **Sibirische Heidelbeeren** (*Lonicera kamtschatica*) eignen sich hervorragend für die Kübelkultur. Sie sind selbstfruchtbar, zur besseren Befruchtung sollte man jedoch zwei Sorten ('Maistar', 'Mailon') pflanzen. Ab Mai können Sie die dunkelblauen, länglichen Früchte, die in Aussehen und Geschmack an Heidelbeeren erinnern, ernten. Daher werden sie auch Maibeeren genannt. Frisch oder als Konfitüre ein Genuss!

■ **Topf-Heidelbeeren** (*Vaccinium corymbosum*) brauchen einen sauren Boden. Geben Sie ihnen daher Rhododendronerde und zweimal im Monat Rhododendrondünger oder einen speziellen Heidelbeerdünger. Die Pflanzen sind selbstfruchtbar. Ab Juni können die blauen Beeren geerntet werden. Die Sorte 'Top Hat' wird etwa 40 cm hoch. Maibeeren und Heidelbeeren sind frosthart.

Wein & Kiwi

Wein und Kiwis in Töpfen: das klingt exotisch, ist es aber nicht. Beide sind winterhart. Und an einem sonnigen, warmen Platz entwickeln sich viele Früchte, die im Herbst geerntet werden können.

Der Weinstock im Topf

Wein (*Vitis vinifera*) ist ein schönes Naschobst für den Balkon. Ab September reifen die süßen Beeren heran und können nach Bedarf gepflückt werden. Sie erkennen die reifen Beeren daran, dass weiße Sorten heller werden und leicht durchsichtig scheinen. Die Kerne schimmern durch. Blaue und rote Sorten färben sich ein. Alle drei Typen entwickeln eine wachsartige Schutzschicht. Da nie alle Trauben an einem Stock gleichzeitig reifen, können Sie über einen längeren Zeitraum ernten. Viele der für den Hausgebrauch angebotenen Tafeltrauben sind mehltauresistent. Sie haben also die freie Wahl zwischen weißen, roten und blauen Trauben mit und ohne Kernen. Blaufrüchtige Sorten sind 'Regent', 'Muskat Nay' und die kernlose 'Venus'. Weißfrüchtige Sorten sind 'Phönix' und die kernlose 'Lakemont'. Rotfrüchtige Sorten sind die kernlosen 'Vanessa' und 'Suffolk Red'.

→ Setzen Sie den gekauften Weinstock in einen großen Kübel oder Kasten an die Hauswand. Die Veredlungsstelle muss oberhalb der Erde liegen! Die Erde darf im Sommer nicht austrocknen, aber auch nicht

zu nass sein. Düngen Sie Ihre Weinrebe regelmäßig mit einem Volldünger. Schützen Sie Ihre Weintrauben vor den gefräßigen Wespen und Vögeln mit Schutznetzen, die Sie über die ganze Pflanze hängen oder in die Sie die einzelnen Trauben einwickeln.

→ Im Juli werden alle Triebe ohne Fruchtansatz auf zwei Augen eingekürzt. Alle Triebe mit Fruchtansatz werden nach dem zehnten Laubblatt gekappt. Jetzt ist es wichtig, alle entstehenden Geiztriebe zu entfernen.

→ Die angebotenen Reben sind winterhart. Isolieren Sie jedoch Kübel und Veredlungsstelle mit einer Noppenfolie oder einem Jutesack. Und falls der Weinstock nicht schon an der Hauswand steht, rücken Sie ihn im Winter dorthin.

Wie ein Weinstock erzogen wird

Weinstöcke werden meist eintriebig angeboten. Für den Balkon ist die Erziehungsform „Einarmiger Kordon" empfehlenswert. Dafür heften Sie im ersten Jahr einen kräftigen Trieb an einen Stab, den Sie in den Topf stecken. Kappen Sie ihn in etwa 1 m Höhe über der Veredlungsstelle. Alle bereits entwickelten Seitentriebe werden entfernt. Zur Sicherheit können Sie auch einen zweiten Trieb an der Pflanze belassen. Alle anderen Triebe werden weggeschnitten. Im zweiten Jahr treiben aus dem am Stab angehefteten Trieb Seitentriebe aus, die Blüten und Früchte tragen werden. Der oberste Seitentrieb wird wiederum am Stab angeheftet und in gewünschter Höhe gekappt. Alle einjährigen Triebe, die neben dem Haupttrieb austreiben, werden entfernt.

→ Wichtig zu wissen: Wein fruchtet am meisten am einjährigen Holz. Daher werden im März die abgetragenen Triebe, die im Vorjahr Früchte getragen haben, auf zwei bis drei Augen eingekürzt. Schneiden Sie so zwischen zwei Knospen zurück, dass ein Zapfen entsteht. Wenn Sie zu nah an der Knospe schneiden, kann diese eintrocknen!

→ Nach einigen Jahren Standzeit kann es erforderlich sein, den Haupttrieb des Kordons zu erneuern. Lassen Sie dafür einen der jungen Triebe, die neben dem Haupttrieb wachsen und sonst entfernt werden, stehen und leiten Sie diesen am Stab entlang. Der alte Haupttrieb wird entfernt.

→ Wenn Sie genügend Platz haben, den Wein an einem Spalier zu erziehen, können Sie auch einen „Zweiarmigen Kordon" schneiden. Dazu werden zwei Triebe statt einem zu Fruchttrieben erzogen. Heften Sie die Triebe waagerecht an dem Spalier an, so dass die Seitentriebe senkrecht wachsen können.

Mini-Kiwis

Kiwis sind Kletterpflanzen, die ein Gerüst zum Klettern brauchen. Für den Balkon sind die winterharten Mini-Kiwis (*Actinidia arguta*) zu empfehlen. Die Pflanzen sind zweihäusig, das heißt, Sie müssen mindestens eine männliche und eine weibliche Pflanze auf Ihrem Balkon haben, um Früchte ernten zu können. Empfehlenswerte Sorten sind 'Weiki', 'Sachsen-Kiwi' und 'Issai'. Erstere werden meist mit beiden Geschlechtern in einem Topf angeboten. 'Issai' ist selbstfruchtbar. Die etwa 3 cm großen, glattschalige Beeren schmecken angenehm süß. Sie können ab Oktober geerntet werden, wenn sie noch etwas hart sind. Die Schale kann mitgegessen werden.

Ab September können Sie süße Weintrauben ernten.

Während der Wachstumszeit im Sommer werden die Pflanzen reichlich gegossen und gedüngt. Ab Juni werden die fruchttragenden Triebe nach dem sechsten Blatt über dem Fruchtansatz eingekürzt.

■ Die beliebte Kiwi (*A. deliciosa*) gedeiht nur in milden Weinbaulagen, wo die Früchte ab Oktober reifen.

Kumquat, Mandarine & Co.

Zitruspflanzen gedeihen an einem warmen, sonnigen Platz.

Der Duft von Orangen und Zitronen entführt uns in den Süden. Wer einen sonnigen Balkon oder Terrasse sein eigen nennt, für den ist der Süden ganz nah hinter die Balkontüren gerückt! Für einen Nasch-balkon sind besonders die Arten und Sorten inter-essant, die viele kleine Früchte hervorbringen, etwa Kumquats und Mandarinen. Großfrüchtige Arten wie Orangen und Grapefruits haben naturgemäß nur wenige Früchte pro Pflanze, die meist auch noch eine sehr lange Reifezeit haben.

Reiche Ernte mit Kumquats

Kumquats sind bestens als Kübelpflanzen geeignet. Sie sind kompakt und kleinwüchsig. Nach der Blüte im Frühsommer können im Winter viele kleine Früchte geerntet werden, deren Schale sogar essbar ist. Die Runde Kumquat (*Fortunella japonica*) hat eine kugelrunde bis leicht ovale Frucht mit einer glatten Schale. Sie schmeckt süßlich-herb. Die Ovale Kumquat (*F. margarita*) ist vielen bestimmt schon vom Obststand bekannt. Die hellorange Frucht ist ei- bis birnenförmig. Sie schmeckt sauer und ist bestens zum Marmeladekochen geeignet.

Saure Limetten

Limetten (*Citrus aurantiifolia*) sind ebenso kompakt und klein im Wuchs wie die Kumquats. Sie blühen etwa vier Wochen eher als Kumquats, obwohl sich die Blütezeit auch bis in den Juli hinauszögern kann. Im Spätsommer können die grünen Früchte geerntet werden. Bei niedrigeren nächtlichen Temperaturen können sich die Früchte auch hellgrün oder sogar gelb färben, was der Frucht aber nicht schadet. Eine Kreuzung aus der Sauren Limette und der Kumquat ist die Limequat. Ihre Schale ist hellgelb und dünn, ihr Saft ist sauer. Eine Besonderheit ist die Kaffir-Limette (*Citrus hystix*), die vor allem in der thailändischen Küche (siehe S. 65) verwendet wird. Die charakteristischen Doppelblätter werden in feine Streifen geschnitten und die Schale der runzeligen, grünen, etwa 5 cm großen Früchte abgerieben.

Leckere Mandarinen

Mandarinenbäumchen wachsen sehr kompakt und haben nur einen geringen jährlichen Zuwachs. Mandarinenblätter verströmen einen herben Duft. Die Blütezeit liegt im Frühsommer. Die süßen Früchtchen können dann im Spätherbst geerntet werden. Clementinen (*Citrus reticulata*) haben wenige oder sogar gar keine Kerne und können so mit Genuss vernascht werden. Die Calamondin-Orangen (× *Citrofortunella microcarpa*) liefern glänzend orangefarbene Früchte, die bitter schmecken und sich gut zum Marmeladekochen eignen. Die Bäumchen sind dornenlos. Die Sorte 'Foliis Variegatis' hat weiß-grüne Blätter. Kucle (*Citrus reticulata* × *Fortunella margarita*) ist eine Kreuzung aus Clementine und Kumquat. Sie ähnelt in Wuchs und Geschmack den Kumquats, hat aber größere Früchte als diese.

Saftige Zitronen

Zitronen (*Citrus limon*) sind starkwüchsig und brauchen einen regelmäßigen Rückschnitt, damit sie nicht zu groß werden. Sie tragen Blüten und Früchte in verschiedenen Reifestadien gleichzeitig. Die sauren Früchte sind reif, wenn sie eine vollgelbe Farbe angenommen haben. Empfehlenswerte Sorten sind 'Femminello' mit einem süßen, intensiven Blütenduft und 'Foliis Variegatis' mit weiß-grünen Blättern und gestreiften Früchten. Orangefarbene Zitronen liefert *Citrus* × *meyeri*. Die Früchte sind sehr saftreich und lassen sich gut auspressen.

Bittere Pomeranzen

Pomeranzen (*Citrus aurantium*) sind keine typische Naschfrucht, denn sie haben eine sehr dicke Schale. Diese wird zum Beispiel für die berühmte englische Marmelade verwendet. Sie tolerieren etwas mehr Schatten als andere Zitruspflanzen. Aus Blüten, Blättern und Schalen der Bergamotte-Orange (*C. bergamia*) werden ätherische Öle gewonnen, die unter anderem dem Earl-Grey-Tee sein zitroniges Aroma geben.

Das Winterquartier für Zitrusgewächse

Bevor Sie nun über die Anschaffung eines Zitronen-bäumchen oder einer ganzen Orangerie nachden-ken, sollten Sie überprüfen, ob Sie Ihren Schützlin-gen neben dem sonnigen Sommerplätzchen auch ein kühles Winterquartier bieten können, in dem sie von Oktober bis Mai überwintern können. Am besten geeignet sind Wintergärten, unbeheizte Zim-mer mit hohen Fenstern oder helle Treppenhäuser. Zitruspflanzen können zwar auch im warmen Wohn-zimmer überwintern, doch sind sie dann blühfaul. Und ohne Blüten gibt es keine Früchte.

Gießen nach Maß

Einige Zitruspflanzen sind sehr robust, trotzdem reagieren sie empfindlich auf Pflegefehler. Am häu-figsten wird falsch gegossen. Jede Pflanze hat ein anderes Gießmaß, das Sie finden müssen. Gießen Sie reichlich, aber lassen Sie die Erde vor dem nächs-ten Gießen abtrocknen. Achten Sie besonders nach Regenfällen darauf, dass überschüssiges Wasser aus den Übertöpfen entfernt wird. Im Winter kann das Intervall schon mal zwei Wochen dauern. Verwenden Sie zum Gießen abgestandenes Leitungswasser. Ist Ihr Wasser sehr kalkhaltig, dann können Sie das Wasser mit ½ TL Speiseessig pro Liter Leitungswas-ser neutralisieren.

Was Zitruspflanzen noch brauchen

→ Zitruspflanzen brauchen eine gut durchlässige Erde. Sie können auf fertig gemischte Erde aus dem Fachhandel zurückgreifen oder Kübelpflanzenerde zu einem Drittel mit Blähton oder Perliten mischen. Eine Abdeckung mit Mulch oder Blähton hält die Erde länger feucht. Alle zwei bis fünf Jahre wird es Zeit umzutopfen. Die beste Zeit dafür ist das Früh-jahr.

→ Die Pflanzen benötigen sehr viele Nährstoffe, die aber in der richtigen Form. Mit einem guten Kübel-pflanzendünger können Sie nichts falsch machen. Achten Sie beim Düngerkauf auf das Verhältnis von Stickstoff, Phosphor und Kalium. Ein Verhältnis von 1:0,2:0,7 ist am besten. Ab August sollte nicht mehr gedüngt werden.

→ Der Topf samt Wurzelballen sollte schattig stehen. Spannen Sie bei starker Hitze einfach eine Sonnen-schirm auf oder legen Sie Zeitungspapier über den Ballen.

Auf einen Blick Zitruspflanzen zum Naschen

Name	Blütezeit	Größe	Verwendung
Runde Kumquat (*Fortunella japonica*)	Juni/Juli	0,5–1,5 m	pur oder zum Einkochen
Ovale Kumquat (*Fortunella margarita*)	Juni/Juli	0,5–1,5 m	zum Einkochen
Saure Limette (*Citrus aurantiifolia*)	Mai/Juni	0,5–1,5 m	in Mixgetränken aller Art
Limequat	Mai/Juni	0,5–1,5 m	wie die Saure Limette
Calamondin (× *Citrofortunella microcarpa*)	Mai/Juni	0,5–1,5 m	zum Einkochen
Kucle	April/Mai/Juni	0,5–2,0 m	zum Einkochen
Clementine (*Citrus reticulata*)	April/Mai/Juni	0,5–2,0 m	pur genießen
Zitrone (*Citrus limon*)	März bis November	2,5–3,5 m	für Saft
Meyer's Zitrone (*Citrus × meyeri*)	März bis November	0,5–2,0 m	für Saft

Kauftipps

Zitruspflanzen werden in verschiedenen Geschäften angeboten. Die Bäumchen sind meist mehrere Jahre alt und entsprechend teuer. Daher sollten Sie preiswerte Angebote immer hinterfragen.

→ Lassen Sie sich nicht von der Anzahl der Blüten und Früchte zum Kauf verführen, schauen Sie sich die restliche Pflanze auch gut an.

→ Die Blätter sollten dunkelgrün und ohne Fraßspuren oder Schädlinge sein. Glänzende Blätter zeigen, dass die Pflanze nicht im Freien stand und erst daran gewöhnt werden muss. Das Laub sollte dicht, aber nicht zu dicht sein.

→ Der Topfballen sollte fest im Topf sitzen.

→ Achten Sie auf veredelte Pflanzen. Diese sind robuster und langlebiger. Die Veredlungsstelle sitzt meist unterhalb der Krone. Sie sollte gut verwachsen sein und keinen harzigen Ausfluss haben.

Schnitt für Licht

Der Hauptschnitt erfolgt im März. Es sind ähnliche Grundregeln zu beachten wie bei anderen Obstgehölzen. Die Krone sollte licht sein, damit die Früchte genug Licht bekommen. Zu lange Triebe, die aus der Krone herausragen, können jederzeit zurückgenommen werden. Wildtriebe, die unterhalb der Veredlungsstelle wachsen, werden ausgerissen.
Im Umgang mit Zitruspflanzen ist Vorsicht geboten. Einige Arten besitzen mehr oder weniger lange, spitze Dornen in den Blattachseln, an denen man sich verletzen kann.

Typische Schädlinge

Zu den hartnäckigsten Schädlingen an Zitruspflanzen gehören ohne Zweifel Schild-, Woll- und Schmierläuse. Sie sitzen meist unter einem schützenden Schild oder watteartigen Knäueln auf der Blattunterseite, an Trieben oder in Astgabeln. Sie können die Läuse mit einem feuchten Schwamm abwischen. An Trieben und Astgabeln kann auch mal eine alte Zahnbürste zum Einsatz kommen. Wichtig ist, diese Prozedur mehrfach zu wiederholen! In ganz hartnäckigen Fällen kann man auch auf ein chemisches Mittel zurückgreifen: eine Schmierseifen-Spiritus-Lösung, mit der die Tiere ausgetrocknet werden.

■ **Schmierseifen-Spiritus-Lösung**: 20 ml Spiritus, 10 ml Schmierseife werden in 1 l Wasser aufgelöst und gut vermengt. Die Pflanzen werden sofort tropfnass damit eingesprüht (am besten in der Badewanne), dabei sollten Sie besonders die Blattunterseiten behandeln. Wiederholen Sie die Prozedur 3-mal im Abstand von drei bis vier Tagen.

→ Häufig werden die Blätter gelb, die Blattadern aber bleiben grün. Das ist ein Zeichen für Eisenmangel. Der tritt häufig als Begleiterscheinung von zu kalkhaltigem Wasser auf. Mit Eisenpräparaten aus dem Fachhandel können Sie Abhilfe schaffen.

Exotisches Obst

Zitronen und Mandarinen gelten hierzulande zwar auch als Exoten auf Balkonien, aber Feige, Pepino und Maracuja sind noch seltener auf unseren Balkonen zu Gast.

Süße Feigen

Die Feige (*Ficus carica*) ist eine alte Kulturpflanze, die um 700 v. Chr. in den Mittelmeerraum eingeführt wurde. Die Wildfeigen sind für ihren einmaligen, doch komplizierten Befruchtungsvorgang mit Hilfe von kleinen Gallwespen bekannt. Mittlerweile gibt es selbstfruchtbare Sorten, die nicht auf eine Bestäubung durch Insekten angewiesen sind. Die Früchte werden im Laufe des Sommers gebildet. Sie sind erntereif, wenn sie auf Druck nachgeben. Sind

sie im Herbst noch nicht reif, müssen sie während der Reife im Winter geschützt werden. Sie sind dann im Frühsommer des zweiten Jahres erntereif. In milden Lagen können die Pflanzen mit Winterschutz im Freien überwintert werden. Winterharte Sorten sind auch im Topf frostfest. Bei starken Frösten sollten sie jedoch in einen kühlen, dunklen oder hellen Raum gestellt werden. Keine Angst, wenn die Feigen ihr Laub abwerfen. Das ist völlig normal. Ab Mitte Mai können sie wieder auf den Balkon gestellt werden.

→ Selbstfruchtbare und winterharte Sorten: 'Bayernfeige Violetta' ist frühreifend und frosthart. Die 'Pfälzer Fruchtfeige' ist ebenfalls winterhart und liefert sogar in unseren Breiten zwei Ernten im Jahr. 'Brown

Turkey' ist als Kübelpflanze nicht sicher winterhart.

→ Die Feigen werden erst dann kräftig gegossen, wenn die obere Erdschicht abgetrocknet ist. Dem Substrat wird ein Teil Kies oder Sand beigefügt.

→ Düngen Sie alle 14 Tage. Feigen blühen und fruchten am ein- und zweijährigen Holz. Daher sind für einen reichen Fruchtansatz einige Schnittmaßnahmen nötig.

→ Im Herbst wird an den Haupttrieben jeder zweite fruchttragende Seitentrieb auf ein Auge eingekürzt. Im Sommer werden die neuen Triebe nach vier bis fünf Blättern gestutzt. Zwischen den Trieben sollten 15–20 cm Abstand herrschen.

→ Im Sommer können Feigen über Stecklinge vermehrt werden. Eine

Frische Feigen aus eigener Ernte.

Pepinos schmecken nach Melonen und Birnen.

Aussaat ist meist nicht von Ernteerfolg gekrönt, denn Sämlinge bringen nur selten Früchte hervor.

Gestreifte Pepino

Die gelb-violetten Früchte der Birnenmelone oder Pepino (*Solanum muricatum*) sind hierzulande noch eine Seltenheit. Sie schmecken süß und leicht nach Melone und Birne. Sie sind einfach aus Samen zu ziehen und als Kübelpflanzen zu halten. Pepinos können dreitriebig an Stäben gezogen werden oder als Ampelpflanzen herunterhängen. Die Pflanzen wachsen sehr schnell, wenn sie regelmäßig gegossen und wöchentlich gedüngt werden. Seitentriebe sollten Sie wie bei Tomaten ausgeizen. Etwa acht Wochen nach der Blüte können die ersten Früchte geerntet werden; bei dieser Gelegenheit entfernt man blütenlose Triebe. Die Früchte sind reif, wenn die Schale gelblich ist. Sie können roh mit oder ohne Schale vernascht oder wie Kürbis gegart werden.

→ Mit der Samenanzucht kann man schon ab März zur gleichen Zeit wie bei Tomaten beginnen. Ab Mitte Mai können sie auf den Balkon umziehen.

→ Pepinos sind nicht winterhart und sollten deshalb frostfrei überwintert werden.

Nach einer schönen Blüte liefern Maracujas leckere Früchte.

Spektakuläre Maracuja

Maracujas, Grenadillas oder Passionsblumen (*Passiflora edulis*) werden in erster Linie wegen ihrer spektakulären Blüte als Kübelpflanzen gehalten. Doch bestäubte Blüten bringen durchaus auch in unseren Breiten leckere Früchte hervor, die ausgelöffelt werden können. Maracujas vertragen einen vollsonnigen Standort. Die Ranken können an einem Spalier gezogen werden. Im Sommer werden die Pflanzen reichlich gewässert und alle 14 Tage gedüngt. Sie sind nicht winterhart und benötigen ein helles, warmes Winterquartier. Im Frühjahr werden die langen Triebe kräftig auf wenige Augen zurückgeschnitten.

→ Im Sommer können Sie Stecklinge abnehmen, ansonsten ist auch eine Aussaat möglich.

→ Die hühnereigroßen Früchte sind reif, wenn sie violett (Purpur-Grenadille, *P. edulis* fo. *edulis*) oder orange (Gelbe Passionsfrucht, *P. edulis* fo. *flavicarpa*) sind. Um die Fruchtbildung abzusichern, sollten die Blüten mit einem Pinsel bestäubt werden. Neben der Grenadille gibt es auch noch weitere essbare *Passiflora*-Arten: Jamaica Honeysuccle (*P. laurifolia*) mit gelben Früchten, die Süße Grenadille (*P. ligularis*) mit sehr süßen, gelbroten Früchten, Curuba (*P. mollisima*) mit bananenähnlichen Früchten und die Königs-Grenadille (*P. quadrangularis*) mit sehr großen grünen oder violetten Früchten.

Obst auf Balkonien

In großen Kübeln gedeihen kleine Obstbäumchen und eine Stabtomate.

Obstbäumchen in Kübeln sind nur auf großen Balkonen wirklich zu empfehlen. Auf sehr kleinen Balkonen bieten sich beispielsweise Erdbeeren in Kästen und Ampeln an (siehe auch Seite 94).

Ein guter Start

Gartencenter bieten Obstgehölze häufig in Töpfen an, die etwa 7,5 l fassen. Da die Obstbäumchen nach dem Kauf unbedingt in größere Töpfe umgepflanzt werden müssen, kaufen Sie am besten gleich einen großzügig bemessenen Topf und gute Kübelpflanzen- oder Pflanzerde dazu. So können Sie Ihrem neuen Obstbäumchen gleich einen guten Start ins Balkonleben geben.
Kaufen Sie nur veredelte Obstgehölze. Wurzelechte Pflanzen stehen auf der eigenen Wurzel und haben

selbst in großen Töpfen zu wenig Wurzelraum, um gut zu gedeihen. Bevorzugen Sie schwachwüchsige Unterlagen. Wenn die Ware nicht entsprechend ausgezeichnet ist, fragen Sie nach oder kaufen Sie die Pflanzen lieber gleich in einer Baumschule.
Einige Obstarten wie Apfel und Süß-Kirsche benötigen einen Bestäubungspartner. Fragen Sie beim Kauf nach, welche Sorten-kombinationen am günstigsten sind bzw. ob es auch selbst-fruchtbare Sorten gibt.
Schauen Sie sich genau die Blätter und Triebspitzen der Pflanzen an, bevor Sie sich zum Kauf entschei-den. Blattschäden durch Pilze oder sogar tierische Schädlinge wie Blattsauger sind leicht zu erkennen. Besonders bei „exo-tischen" Obstpflanzen wie Pepino (hier Weiße Fliege) oder Zitrusgewächsen (hier Schild- oder Wollläuse) findet man häufig hartnäckige Schädlinge, die sich nur schwer bekämpfen lassen.

Der richtige Topf

Der ideale Kübel für Obstgehölze sollte mindestens 25 l Volumen fassen. Dabei ist es egal, ob er rund oder eckig ist. Die Hauptsache ist, dass der Topf tief ist. Sie können auch einen sehr großen, tiefen Kasten wählen. Das Material sollte frostbeständig und UV-stabil sein, da der Topf meist das ganze Jahr auf dem Balkon bleibt. Kübel aus Ton sind standfester als Kunststofftöpfe, doch sind letztere leichter und lassen sich besser bewegen. Auf dem Topfboden wird eine 3 cm hohe Dränage aus Kies oder Blähton eingefüllt. Töpfe mit Wasserreservoir sind sehr teuer.

Eine Anschaffung ist dann sinnvoll, wenn Sie längere Zeit unterwegs sind oder der Balkon tagsüber längere Zeit der Sonne ausgesetzt ist.

Beim Ein- und Umtopfen ist es vor allem wichtig, die Pflanzen so tief einzusetzen, wie sie vorher im Verkaufstopf standen. So ist sichergestellt, dass die Veredlungsstelle oberhalb der Erde liegt! Die Veredlungsstelle erkennen Sie daran, dass im Stammbereich eine Verdickung ist. Oft ist auch noch das Veredlungsband zu erkennen. Liegt die Veredlungsstelle in der Erde, treibt die Unterlage aus. Alle zwei bis drei Jahre ist es Zeit, die Obstbäume umzutopfen. Wählen Sie einen Topf, der etwa 5 cm größer als der vorherige ist.

Pflegetipps

→ Gießen: Besonders an heißen Sommertagen sollte man öfter den Wasserbedarf kontrollieren. Der Topfballen darf sich nicht vom Rand lösen. Ist der Topf beim Anheben sehr leicht, muss gegossen werden.

→ Düngen: Ein Universaldünger ist ausreichend. Darüber hinaus gibt es Spezialdünger für Obstpflanzen, die typischen Mangelerscheinungen vorbeugen. Kaliumbetonter Beerendünger fördert Fruchtansatz und Reife bei Johannisbeeren, Erdbeeren und anderen Beerenfrüchten.

→ Winterschutz: Damit die Triebe ausreifen können und im Winter nicht erfrieren, wird nur bis Ende August gedüngt. Der Topfballen wird im Winter abgedeckt und der Topf an die Hauswand gerückt. Frostempfindliche Obstgehölze wie Pfirsich und Zitrusgewächse werden in einem frostfreien, hellen Raum überwintert.

→ Schnittmaßnahmen: Regelmäßig durchgeführt, erhalten Schnittmaßnahmen die Baumgesundheit und den Ertrag. Ab S. 112 finden Sie die häufigsten Schnittmaßnahmen ausführlich erklärt.

→ Ernteschutz: Nicht nur wir Menschen freuen uns über Naschobst auf Balkonien! Wespen und Vögel werden im Spätsommer von den süßen Früchten angelockt. Wespen gehen nur an schon beschädigte Früchte, doch Vögel picken willkürlich drauf los. Damit das nicht passiert, decken Sie die Früchte mit einem engmaschigen Netz ab, das es im Gartenhandel zu kaufen gibt.

Echter Mehltau & Grauschimmel

Bei **Mehltaubefall** sind Blätter, Triebe und Früchte von einem weißen, mehligen Belag überzogen (s. Abb. links). Befallene Pflanzenteile sollte man entfernen. Vorbeugend kann bei bekannter Empfindlichkeit mit einer Brühe aus Acker-Schachtelhalm (siehe S. 91) gespritzt werden. Knoblauchzehen im Topf oder Knoblauchtee helfen bei einem leichten Befall. Nicht nur Erdbeeren sind betroffen, sondern auch Stachelbeeren, Apfelbäume, Weinreben, Gurken, Erbsen und Monarde. Achten Sie beim Kauf auf mehltautolerante bzw. mehltauresistente Sorten. Braune Flecken auf reifen und unreifen Erdbeeren, die später von einem mausgrauen Pilzrasen überzogen werden, deuten auf **Grauschimmel** hin. Auch Blüten, Knospen und junge Früchte anderer Obst- und Gemüsearten können betroffen sein. Entfernen Sie befallene Pflanzenteile. Gießen Sie nicht von oben, sondern direkt auf die Erde.

Obstgehölze schneiden

Die meisten Obstgehölze, die in Baumschulen und Gartenhandel verkauft werden, sind schon etwas in Form gebracht (also „erzogen"), so dass ein Erziehungsschnitt entfällt. Das gilt vor allem für Topfobst. Hier brauchen Sie nur noch gelegentliche Auslichtungs- oder Erhaltungsschnitte durchführen.

Grundregeln

Die meisten Schnittmaßnahmen werden im Spätwinter oder zeitigem Frühjahr durchgeführt. Eine Faustregel, die sich leicht merken lässt: Je stärker der Rückschnitt, desto kräftiger der Austrieb. Schneiden Sie immer auf eine nach außen weisende Knospe.

→ Waagerecht stehende Triebe stehen lassen und nicht einkürzen, das regt nur das Wachstum der Blatttriebe an und unterdrückt die Bildung von Blütenknospen.

→ Der Auslichtungsschnitt dient dazu, die Kronen luftig zu halten. Triebe sollen sich nicht kreuzen oder zu dicht beieinander stehen. Nach innen weisende Triebe sollte man ebenfalls entfernen, hier bekommen die Früchte nicht genug Licht.

→ Der Erhaltungsschnitt dient dem Erhalt der Fruchtbarkeit. Abgetragene oder nur noch wenige Früchte tragende Äste werden auf drei Augen zurückgenommen.

→ Ein Verjüngungsschnitt wird dann durchgeführt, wenn überalterte Triebe entfernt und auf einen jungen Trieb abgeleitet werden sollen.

Sonderformen

■ **Ballerinas** brauchen keinen Schnitt. Der ist nur dann notwendig, wenn Seitenäste erscheinen sollten. Diese werden im Winter auf zwei Augen zurückgeschnitten, wobei die letzte Knospe nach außen weisen sollte.

■ **Spalierobst**: Triebe, die die Erziehungsform beeinträchtigen, werden auf vier Augen zurückgenommen. Der Leittrieb sollte immer an eine Stütze angeheftet werden.

■ **Spindelbusch** oder **Zwergobst**: Steil stehende und schwache Triebe sollte man entfernen. Waagerechte Triebe bleiben stehen und werden nicht eingekürzt, da sie das spätere Obst tragen.

Spalierobst

Eine einfache Form des Spaliers ist der **Kordon**, der schon für den Wein vorgestellt wurde. Etwas komplizierter sind die **Palmetten**, bei der von einem aufrechten Mitteltrieb waagerechte Spalieräste abgehen. Spaliere sind manchmal im Gartenhandel für viel Geld erhältlich. Mit etwas Geschick und Geduld kann man ein Spalierbäumchen selbst erziehen.

Als Grundlage dient eine einjährige Veredlung auf einer schwachwüchsigen Unterlage. Gehen Sie dann vor wie beim **Zweiarmigen Kordon** (S. 103). Für eine **Verrier-Palmette** (siehe Bild) wird der Trieb etwa 10 cm über der Veredlungsstelle gekappt. Die beiden oberen Triebe werden zunächst waagerecht an ein Spaliergerüst geheftet und dann in einiger Entfernung von der Mittelachse vertikal gezogen. Die jetzt vertikalen Triebe werden wiederum gekappt. Die beiden neu erscheinenden oberen Triebe werden genauso gezogen. Wichtig ist, dass die jungen Triebe noch biegsam sind, wenn sie an das Spaliergerüst geheftet werden.

Sauer-Kirschen & Pfirsiche schneiden

Schattenmorellen und Pfirsiche blühen und fruchten am einjährigen Holz. Daher werden die abgeernteten Triebe auf einen jungen Seitentrieb zurückgesetzt. Bei Pfirsichen gibt es noch eine Besonderheit, die es zu beachten gilt: Es gibt „wahre" und „falsche" Fruchttriebe. „Wahre" Fruchttriebe sind etwa 50 cm lang und haben Blüten- und Blattknospen in Büscheln zusammen sitzen. Diese sind besonders fruchtbar und werden jedes Jahr um die Hälfte gekürzt. Die „falschen" Fruchttriebe besitzen nur Blütenknospen, tragen aber keine Früchte und werden auf ein bis zwei Augen zurückgeschnitten. „Holztriebe", die nur Blattknospen haben, kürzt man auf drei bis fünf Augen ein. Um die Triebe gut voneinander unterscheiden zu können, führen Sie den Schnitt an Pfirsichen während der Blüte durch. Kurze Triebe, die wie kleine Blumensträuße aussehen, werden nicht zurückgeschnitten: hier gibt es die meisten Früchte!

Johannisbeeren & Stachelbeeren in Form bringen

→ Nach der Ernte oder im frühen Herbst werden schwache und kranke Triebe entfernt. Triebe, die sich an Hochstämmchen unterhalb der Krone entwickeln, werden weggeschnitten.
→ Rote und Weiße Johannisbeeren und Stachelbeeren tragen am zweijährigen Holz. Alle alten Äste, zu erkennen an dem dunklen Holz, werden tief zurückgeschnitten. Belassen Sie zwei bis drei kräftige Jungtriebe und nehmen Sie genauso viele abgetragene Äste heraus. Insgesamt sollten acht bis zehn gesunde und kräftige Triebe übrig bleiben.
→ Schwarze Johannisbeeren und Jostabeeren tragen am einjährigen Holz. Jedes Jahr werden die abgetragenen Triebe kräftig zurückgeschnitten.

Abgetragene Himbeerruten entfernt man dicht über dem Boden.

Himbeeren & Brombeeren zurücknehmen

→ Die Sträucher nach der Ernte zurückschneiden.
→ Himbeeren tragen am zweijährigen Holz. Die abgetragenen Fruchtruten sterben ab. Sie werden dicht über dem Boden entfernt. An jeder Pflanze werden fünf bis sieben kräftige einjährige Triebe erhalten. Ausnahmen sind die herbsttragenden Himbeeren, die am einjährigen Holz tragen.
→ Brombeeren müssen regelmäßig geschnitten werden, sonst werden sie schnell zu einem Dickicht, in das man seine Hand nicht mehr stecken mag. An jeder Pflanze werden sechs Jungtriebe belassen, die man an ein Spalier heftet. Alle abgetragenen Fruchtruten schneidet man über dem Boden ab. Im Sommer werden alle Seitentriebe auf zwei bis drei Augen zurückgenommen.

Keine Angst vor kleinen Tieren!

Kurz nachdem die ersten Pflanzen auf dem Balkon sprießen, stellen sich geflügelte Besucher ein. Hummeln tanzen um den Borretsch herum, Schwebfliegen düsen im Zickzack umher, Bienen suchen nach Nektar und Marienkäfer nach Blattläusen.

Nützlinge auf Balkonien

Blattlausfressende Nützlinge wie Marienkäfer, Schwebfliegen und Florfliegen kommen meist ganz von allein auf den Balkon. Doch werden ihre Larven oft nicht erkannt. Die Anwesenheit der nützlichen Larven erkennen Sie an den schwarzen „Pechflecken", die sie hinterlassen.

■ **Marienkäfer**: Jeder kennt den roten Käfer mit den schwarzen Punkten. Doch auch gelbe Käfer mit schwarzen Punkten oder schwarze Käfer mit roten Punkten sind nützlich. Die Larven des Marienkäfers sehen den erwachsenen Käfern überhaupt nicht ähnlich. Sie sind schwarz und können ebenso wie die Erwachsenen verschiedene Muster aufweisen. Die beweglichen Larven vertilgen bis zu ihrer Ver-

puppung etwa 400 Blattläuse. Die Käfer verzehren bis zum Winter etwa 40 bis 60 Blattläuse pro Tag! Neben Blattläusen stehen auch Schildläuse und Blattflöhe auf ihrem Speiseplan.

■ **Schwebfliegen**: Die Ähnlichkeit der erwachsenen Tiere mit Wespen dient der Tarnung vor Feinden. Sie haben nichts mit den Plagegeistern des Spätsommers gemein. Sie schweben regelrecht in der Luft und vollführen Zickzack-Flüge. Sie ernähren sich von Pollen und Nektar. Die grünen, braunen oder grauen Larven sehen wie Raupen aus, nur dass sich ihr Körper zum Kopf hin zuspitzt. Sie heben ihre Beute mit ihren Mundwerkzeugen an und saugen sie aus. Bis zu ihrer Verpuppung verzehren sie bis zu 400 Blattläuse. Zu den bevorzugten Beutetieren gehören auch Spinnmilben.

■ **Florfliegen**: Die zarten erwachsenen Fliegen besitzen feine durchsichtige Flügel. Die rötlichen, hervorstehenden Augen haben ihnen den Beinamen „Goldauge" eingebracht. Sie ernähren sich von Pollen und Nektar. Die weißen Eier werden auf Stielchen abgelegt. Die Florfliegenlarven werden aufgrund ihres behaarten Körpers auch Blattlauslöwen genannt. Sie leben räuberisch von anderen Insekten, darunter auch von Blattläusen. Eine Larve kann bis zu 500 Blattläuse vertilgen. Die Beute wird mit den Mundwerkzeugen festgehalten und ausgesaugt.

Nektarsammler & Plagegeister

Schmetterlinge ernähren sich von dem Nektar der Blüten. Tagfalter wie Admiral, Zitronenfalter und Schwalbenschwanz haben farbenfrohe Flügel. Sobald die Schmetterlinge Eier ablegen,

Marienkäfer vertilgen Blattläuse.

*Schmetterlinge trinken Nektar, manche auch Frucht-
säfte, wie dieser Admiral.*

Harmlose Schwebfliegen „tarnen" sich als Wespen.

werden Sie auch bald Raupengruppen finden, die sich an Ihren Pflanzen gütlich tun. Je nachdem, an welcher Pflanze sie sitzen, können sie toleriert oder abgesammelt werden. Hummeln und Bienen sammeln eifrig Pollen und Nektar.

Wespen sind nützliche Tiere, denn sie sind Insektenfresser. Im Spätsommer können sie jedoch richtige Plagegeister werden. Bewährt haben sich Flaschen mit einem engen Hals, die zu einem Viertel mit Zuckerwasser, ein paar Tropfen Essig und etwas Spülmittel gefüllt sind. Die gärende Flüssigkeit lockt übrigens nur Wespen an!

Nahrung für die Gäste

Planen Sie eine Ecke für Hummeln, Schmetterlinge & Co. ein. Der Gartenhandel bietet viele Samenmischungen mit Wildblumen, Feldblumen, Schmetterlingsblumen und Insektenblumen an. Auch

Borretsch, Dill und Kamille werden eifrig angeflogen. Und natürlich siedeln sich hier auch die Blattläuse gern an. Aber hier sollten sie tun können, was sie an anderer Stelle nicht dürfen: genüsslich Pflanzensaft saugen. Denn Marienkäfer und andere Nützlinge legen ihre Eier nur da ab, wo es nur so von Nahrung – sprich Blattläusen – für die Nachkommenschaft wimmelt. An gut einsehbarer Stelle können Sie das Getummel der Larven von Schwebfliegen, Florfliegen und Marienkäfern gut beobachten. Eine solche natürliche Ecke auf dem Balkon erfordert viel Geduld. Erst hat es den Anschein, als würden die Blattläuse die Oberhand gewinnen. Doch dann werden die Blattläuse gut von den Nützlingen in Schach gehalten. Mobile Larven wie die von Florfliege und Marienkäfer bewegen sich sogar zu anderen Futterplätzen auf dem Balkon. Das ist fast wie in einem richtigen Garten! In selbstgebauten „Insektenhotels" können die Nützlinge überwintern.

Naschpflanzen für Balkonien

Auf einen Blick Naschgemüse

Name	Lichtbedarf	Saatzeit	Erntezeit	Überwinterung
Aubergine (*Solanum melongena*)	○	II–IV	ab M VI	nein
Grünkohl (*Brassica oleracea* var. *sabellica*)	○ – ◑	ab M III	ab X	ja
Gurke (*Cucumis sativus*)	○	M V	ab E VII	nein
Kohlrabi (*Brassica oleracea* var. *gongylodes*)	○ – ◑	ab M III	ab VI	nein
Lauchzwiebeln (*Allium cepa*)	○	ab III	ab VII	geschützt im Freien
Mangold (*Beta vulgaris* var. *cicla*)	○ – ◑	ab III	ab V	geschützt im Freien
Mini-Melone (*Melothria scabra*)	○	M V	ab IX	nein
Pak Choi (*Brassica rapa* subsp. *chinensis*)	○	ab III	ab M IV	nein
Paprika (*Capsicum annuum*)	○	II–IV	ab A VII	nein
Radieschen (*Raphanus sativus*)	○ – ◑	ab M III	ab E IV	nein
Salat (*Lactuca sativa*)	○ – ◑	ab M III	ab V	nein
Stangen-Bohnen (*Phaseolus vulgaris*)	○	ab M V	ab M VIII	nein
Tomate (*Lycopersicon esculentum*)	○	II–IV	VII–X	nein
Zucchini (*Cucurbita pepo*)	○	ab M V	ab E VI	nein
Zucker-Erbsen (*Pisum sativum*)	◑	M IV	ab VII	nein

Auf einen Blick Naschobst

Name	Lichtbedarf	Pflanzzeit	Erntezeit	Überwinterung
Apfel (*Malus domestica*)	○ – ◑	Herbst / Frühjahr	ab VII	geschützt im Freien
Aprikose (*Prunus armeniaca*)	○	Herbst / Frühjahr	ab VII	geschützt im Freien
Garten-Erdbeere (*Fragaria × ananassa*)	○	Frühjahr	ab VI	geschützt im Freien oder frostfrei
Himbeere (*Rubus idaeus*)	○ – ◑	Herbst / Frühjahr	ab VI	geschützt im Freien
Kiwi (*Actinidia arguta*)	○	Frühjahr	ab X	geschützt im Freien
Kumquat (*Fortunella margarita*)	○	ganzjährig	ab XI	hell, kühl
Monats-Erdbeere (*Fragaria vesca* var. *semperflorens*)	○ – ◑	Frühjahr	ab VI	geschützt im Freien oder frostfrei
Pepino (*Solanum muricatum*)	○	ab III	ab VII	frostfrei
Pfirsich (*Prunus persica*)	○	Frühjahr	ab VII	frostfrei
Pflaume (*Prunus domestica*)	○	Herbst / Frühjahr	ab VII	geschützt im Freien
Rote Johannisbeere (*Ribes rubrum*)	○ – ◑	Herbst	ab VI	geschützt im Freien
Sauer-Kirsche (*Prunus cerasus*)	○ – ◑	Herbst / Frühjahr	ab VII	geschützt im Freien
Stachelbeere (*Ribes uva-crispa*)	○ – ◑	Herbst	ab VI	geschützt im Freien
Süß-Kirsche (*Prunus avium*)	○	Herbst / Frühjahr	ab VI	geschützt im Freien
Wein (*Vitis vinifera*)	○	Frühjahr	ab IX	geschützt im Freien

Auf einen Blick Gewürz- und Küchenkräuter

Name	Lichtbedarf	Saatzeit	Erntezeit	Überwinterung
Ananas-Salbei (*Salvia rutilans*)	◐ – ◑	-	ganzjährig	hell und kühl
Basilikum (*Ocimum basilicum*)	○	ab V	ab VI	nein
Bohnenkraut (*Satureja hortensis*)	○	ab V	ab VI	nein
Borretsch (*Borago officinalis*)	○	IV–VI	ab VI	nein
Chili (*Capsicum frutescens, C. pubescens*)	○	ab II	ab VIII	hell und kühl
Dill (*Anethum graveolens*)	○	ab IV	ab V	nein
Estragon (*Artemisia dracunculus*)	○ – ◑	IV - V	ab VI	geschützt im Freien
Gewürzfenchel (*Foeniculum vulgare*)	○	ab IV	ab VII	nein
Gewürzpaprika (*Capsicum annuum*)	○	ab II	ab VIII	nein
Gewürztagetes (*Tagetes tenuifolia*)	○	ab M V	ab VI	nein
Indianernessel (*Monarda didyma*)	○ – ◑	ab IV	ab VI	geschützt im Freien
Kamille (*Matricaria recutita*)	○	ab IV	ab V	nein
Kapuzinerkresse (*Tropaeolum majus, T. minus*)	○ – ◑	ab M V	Ab VI	nein
Kerbel (*Anthriscus cerefolium*)	◑	E III–VIII	IV–IX	nein
Koriander (*Coriandrum sativum*)	○	ab IV	ab V	nein
Lavendel (*Lavandula angustifolia*)	○	-	ab V	geschützt im Freien
Lorbeer (*Laurus nobilis*)	○ – ◑	-	ab VI	hell, frostfrei
Majoran (*Origanum majorana*)	○	ab V	ab VI	nein
Minze (*Mentha* spec.)	○ – ◑	-	ab IV	geschützt im Freien
Oregano (*Origanum vulgare*)	○	ab IV	ab V	geschützt im Freien
Petersilie (*Petroselinum crispum*)	◑	ab III	ab V	nein
Ringelblumen (*Calendula officinalis*)	○ – ◑	ab IV	ab VI	nein
Rosen-Pelargonie (*P. × graveolens*)	○	-	ab V	hell und kühl/warm
Rosmarin (*Rosmarinus officinalis*)	○	-	ganzjährig	hell und kühl
Salbei (*Salvia officinalis*)	○	-	ab IV	geschützt im Freien
Schnittlauch (*Allium schoenoprasum*)	○ – ◑	ab III	ganzjährig	geschützt im Freien
Thymian (*Thymus vulgaris*)	○	ab IV	ab V	geschützt im Freien
Türkischer Drachenkopf (*Dracocephalum moldavicum*)	○	ab IV	ab VI	nein
Waldmeister (*Galium odoratum*)	◑ – ●	-	IV–VI	geschützt im Freien
Zitronengras (*Cymbopogon citratus*)	○	unter Glas	ganzjährig	hell und warm / kühl
Zitronen-Melisse (*Melissa officinalis*)	○	ab IV	ab IV	geschützt im Freien

Bezugsquellen und Adressen

Asiagemüse & Asiakräuter
Quedlinburger Saatgut GmbH
Neuer Weg, 06484 Quedlinburg
www.quedlinburger-saatgut.de
(im Fachhandel erhältlich)

**Balkongemüse, Balkonobst
(Säulenobst & Mini-Kiwi)**
Manufactum
Hiberniastr. 5, 45731 Waltrop
www.manufactum.de

**Balkongemüse /
Mini-Gemüse-Saatgut**
Thompson & Morgan
Qualitätssamenhändler
Postfach 1069, 22784 Hamburg
www.seeds.thompson-morgan.com

**Balkonobst /
Säulenobst & Mini-Kiwi**
Gärtner Pötschke
Beuthener Str. 4, 41561 Kaarst
www.poetschke.de

Bewässerungssysteme
Gardena AG
Hans-Lorenser-Str. 40, 89079 Ulm
www.gardena.de

BLUMAT-Vertrieb
Winkel 22, 06507 Güntersberge
www.blumatbewaesserungs
systeme.de, www.blumat.info

Insektenhotel
The British Shop Versandhandel
GmbH & Co. KG
Auf dem Steinbüchel 6
53340 Meckenheim
www.the-british-shop.de

**Kräuterraritäten wie
mexikanische Kräuter, Kaffir-
Limetten & Duft-Pelargonien**
Rühlemann's
Auf dem Berg 2, 27367 Horstedt
www.ruehlemanns.de

Nützlingsversand
Katz Biotech AG
An der Birkenpfuhlheide 10
15837 Baruth
www.katzbiotech.de

W. Neudorff GmbH KG
An der Mühle 3, 31860 Emmerthal
www.neudorff.de

Obstgehölze
Auskunft über Baumschulen
in Ihrer Nähe
Bund Deutscher Baumschulen e.V.
(BdB)
Bismarckstr. 49, 25421 Pinneberg
www.bund-deutscher-baumschulen.de

**Obstgehölze für Österreich &
Schweiz**
www.baumschulinfo.at
www.vsb.ch

**Saatgut / besondere Gemüsearten
und -sorten**
N. L. Chrestensen
Erfurter Samen- und Pflanzenzucht
GmbH
Witterdaer Weg 6, 99092 Erfurt
www.gartenversandhaus.de

**Saatgut / Samenmischungen, z.B.
für die „Frankfurter Grüne Sauce"**
Kiepenkerl Pflanzenzucht
Bruno Nebelung GmbH & Co.
Freckenhorster Str. 32
48351 Everswinkel
www.kiepenkerl.de
(im Fachhandel erhältlich)

Zitruspflanzen
Südflora Peter Klock
Stutsmoor 42, 22607 Hamburg
www.suedflora.de

Zum Besichtigen

Zwergobstausstellung im
Landschloss Pirna-Zuschendorf,
Am Landschloss 6,
01796 Pirna-Zuschendorf,
www.kamelienschloss.de/
obstorangerie.html

Zum Surfen

**Essbare Blüten und noch mehr
Rezepte:**
www.frymark.de/kochbuch/blueten/
start.htm

Chili und Paprika auf Balkonien:
www.chili-balkon.de

Buchempfehlungen

Amann, Christine: **Frische Ideen für Balkon und Terrasse.** Verlag Eugen Ulmer, 2005

Atha, Antony: **Küchengarten auf Balkon und Terrasse. Gemüse, Kräuter und Obst in Töpfen, Kästen und Kübeln.** Falken Verlag, 2002

Baches: **Zitrus.** Verlag Eugen Ulmer, 2004.

Bauer, Kristina: **Gemüse. Frische Ideen für den Garten.** Verlag Eugen Ulmer, 2005

Bohne, Burkhard: **Taschenatlas Küchenkräuter.** Verlag Eugen Ulmer, 2008.

Bohne, Burkhard: **Taschenatlas Heilpflanzen.** Verlag Eugen Ulmer, 2005.

Bross-Burkhardt, Brunhilde: **Der kleine Küchengarten. Obst, Gemüse und Kräuter.** BLV Verlag, 2007.

Caplin, Adam: **Genuss aus dem Garten.** Callwey Verlag, 2004

Das Balkon Kochbuch. Hädecke Verlag, 2000.

Dittus-Bär, Renate: **Großmutters Kräuterapotheke. Schönes und Nützliches aus Pflanzen.** Verlag Eugen Ulmer, 2003

Fischer, Martin: **Farbatlas Obstsorten.** (2. Auflage), Verlag Eugen Ulmer, 2003

Greiner, Karin / Weber, Angelika: **Kräuter.** Gräfe und Unzer Verlag, 2006

Griegel, Adalbert: **Mein gesunder Gemüsegarten**. Griegel 2003.

Großmann, Gerd / Wackwitz, Wolf-Dietmar: **Spalierobst.** (2. Auflage), Verlag Eugen Ulmer, 2005

Jakubik, Uwe: **Obstbäume schneiden. Einfach – richtig – erfolgreich.** Verlag Eugen Ulmer, 2005

Klock, Peter: **Zitruspflanzen.** Verlag Eugen Ulmer, 2001

Kreuter, Marie-Luise: **Der Biogarten.** (21. Auflage). BLV Verlag, 2001

Mattheus-Staack, Elke: **Taschenatlas Gemüse.** Verlag Eugen Ulmer, 2006

Nickig, Marion / Rau, Heide: **Köstliche Blüten. Rezepte aus dem Kräuter- und Blumengarten.** Ellert und Richter Verlag, 2007

Norman, Jill: **Kräuter & Gewürze.** Dorling Kindersley Verlag, Starnberg 2002.

Pahler, Agnes: **Schnell und einfach zum Gartenparadies.** Verlag Eugen Ulmer, Stuttgart 2005.

Pfeifer, Ulrike: **Obst- und Gemüsegarten.** Kosmos 2007

Phillips, Roger / Rix, Martyn: **Gemüse in Garten und Natur.** Droemer Knaur, 1994

Ploberger, Karl: **Die schönsten Balkone und Terrassen für intelligente Faule.** Verlag Eugen Ulmer, 2004

Renaud, Victor: **Gemüse und Kräuter von A-Z.** Verlag Eugen Ulmer, 2007.

Schmid, Heiner: **Obstbaumschnitt. Kernobst, Steinobst, Beerenobst.** (9. Aufl.). Verlag Eugen Ulmer, 2008

Seitz, Paul: **Küchen- und Duftkräuter.** (2. Auflage), Franckh-Kosmos Verlag, 2002

Stein, Siegfried: **Küchengärten.** BLV Verlag, 2002

Veser, Jochen: **Pflanzenkrankheiten erkennen und behandeln** (3. Auflage). Verlag Eugen Ulmer 2008.

Wiegele, Miriam: **Kräutergarten auf Balkon und Terrasse.** Verlag Eugen Ulmer, 2000.

Rezeptregister

Register

Register der Sachbegriffe

Bildquellen

Faßmann, Natalie Seite 16, 19, 38, 64, 111.
Flora Press Seite 58.
GBA Strauß / Noun Seite 86.
GBA / GPL / Nichols, Clive Seite 34 o., 71.
iStockfoto Seite 12 o.
Ratsch, Tanja / flora toskana Seite 22.
Redeleit, Wolfgang Seite 13 o., 23, 39, 49 u., 50, 52, 70, 74, 76, 85, 90, 114, 115 li.
Reinhard, Hans Seite 8, 11, 13 M., 13 u., 17, 21, 24, 27, 28, 29 li., 29 re., 32, 33 li., 33 re., 36, 40, 45, 46, 49 o., 53, 54, 61, 62, 66, 69, 72, 75, 77, 78, 80, 81, 83, 84, 89, 104, 108 li., 108 re., 109, 110, 115 re., Vorsatz vorne, re. u., Vorsatz vorne, re. o.
Reinhard, Nils Seite 49, 2. v. o., 78/79.
Renaud, Victor Seite 37 o.
Strauß, Friedrich Seite 4, 14, 18, 31, 34 u., 35, 41, 42, 44, 57, 59, 60, 65, 82, 87 o., 87 u., 92, 95, 96, 99, 100, 103, 107, 112, 113, Titelbild, Vorsatz vorne, li. o., Vorsatz vorne, re. u.
Volk, Fridhelm Seite 49, 2. v. u.
Wandmacher, Ingo Seite 20 o., 25 o., 31 o., 51 o., 55, 56, 94, 97, 98, 101, 102, 105.

Bibliografische Information der Deutschen Nationalbibliothek

Die Deutsche Nationalbibliothek verzeichnet diese Publikation in der Deutschen Nationalbibliografie; detaillierte bibliografische Daten sind im Internet über http://dnb.d-nb.de abrufbar.

© 2008 Eugen Ulmer KG
Wollgrasweg 41, 70599 Stuttgart (Hohenheim)
E-Mail: info@ulmer.de
Internet: www.ulmer.de
Lektorat: Karin Wachsmuth
Umschlagentwurf: red.sign, Anette Vogt, Stuttgart
Innenlayout und dtp: Atelier Reichert, Stuttgart
Reproduktion: Medienfabrik, Möglingen
Druck und Bindung: Firmengruppe APPL, aprinta druck, Wemding
Printed in Germany

ISBN 978-3-8001-5351-0

Foto: pixelio

Gartenspaß

Frische Ideen für Balkon & Terrasse. Christine Amann. 2005. 156 Seiten, 248 Farbf., 15 Tabellen, gebunden ISBN 978-3-8001-4665-9.

Das Topfgartenbuch. Ellen Fischer. 4., aktualisierte Aufl. 2006. 200 S., 131 Farbf., 46 Zeichnungen, gebunden ISBN 978-3-8001-5161-5.

Ganz nah dran.  **Ulmer**

12 goldene Pflegeregeln für Ihren Naschbalkon

1
Selber aussäen

Tomate, Paprika & Co. werden schon ab März auf der Fensterbank ausgesät, die meisten Kräuter und Gemüse dann ab April direkt ins Freie. Kälteempfindliche Gurken und Bohnen erst ab Mitte Mai auf den Balkon bringen. Lichtkeimer wie Basilikum und Majoran dürfen nicht mit Erde zugedeckt werden.

2
Gute Erde

Sparen Sie nicht am falschen Ende! Gute Erde mit Qualitätssiegel ist strukturstabil. Sie fällt im Topf nicht so schnell zusammen und gibt den Pflanzen Halt. Zusätzlich enthält sie Dünger für die nächsten sechs Wochen und manchmal auch Stoffe, die Wasser speichern. Es gibt Spezialerden für Gemüse, Kräuter und Kübelpflanzen.

3
Töpfe & Kästen

Der Handel hält ein breites Sortiment an Ton- und Kunststoffgefäßen bereit. Wichtig ist, dass Abzugslöcher vorhanden sind. In außergewöhnlichen Gefäßen aus Metall oder Holz wird mit einem Bohrer ein Abzugsloch gebohrt. Denken Sie bei mehrjährigen Kulturen an eine Dränage aus Blähton, Kies oder Tonscherben.

4
Tipps zum Pflanzenkauf

Gute Pflanzenqualität erkennen Sie daran, dass das Laub frischgrün und ohne sichtbare Schäden und der Wurzelballen gut durchfeuchtet ist. Kaufen Sie keine wurzelnackten Obstgehölze, sondern nur Containerware. Erwerben Sie Saatgut nur als Keimschutzpackungen und achten Sie auf das Haltbarkeitsdatum.

5
Wasser marsch

Gießen ist das A und O für Topfpflanzen. Morgens werden die Pflanzen einmal durchdringend gegossen. An heißen Tagen kann am Abend noch einmal gegossen werden. Scheint die Sonne den ganzen Tag auf den Balkon, sollten Sie für eine Schattierung sorgen, damit die Pflanzen über Mittag nicht schlapp machen!

6
Ab in den Urlaub

Denken Sie auch im größten Urlaubsstress an Ihre Pflanzen. Gießen Sie alle Töpfe noch einmal durchdringend. Stellen Sie die Pflanzen an eine schattige Ecke, so verbrauchen sie nicht so viel Wasser. Kleiner Helfer wie Bewässerungskugeln oder Blumat helfen über kürzere Durststrecken hinweg. Automatische Bewässerungsanlagen gibt es im Fachhandel.